たった13字ですべてを伝える

5 10 13

上岡正明
Masaaki Kamioka

SOGO HOREI PUBLISHING CO., LTD

はじめに

話がわかりづらい人と出世できない

「話がわかりづらい人は出世できません」

こう聞くと、極論だと思うかもしれません。しかし、ある意味、これは事実です。人のアウトプットの９割は言葉です。

もちろん文章や映像で自分の考えや意思を伝えることもあります。しかし、日常的な意思疎通の道具として、ビジネスやコミュニケーションで使われているのは圧倒的に言葉によるものです。

自分の評価は、他人がします。それもあなたのアウトプットで評価します。言葉と、それにともなうあなたの行動によってです。

言葉の威力は絶大です。伝え方ひとつで相手を動かすこともできます。周囲の評価を覆すこともありますし、自分とそのまわりの運命を変えてしまうこともあります。

人間関係を構築するのも、誰かを説得して動かすのも、言葉によるコミュニケーションがすべてです。

今は一昔前の「武士の世界」ではありません。無言実行はビジネスの世界では通用しません。

わかりやすく、端的に、スピーディーに話すことが求められます。相手が求めるものを瞬時に理解して、聞きたい順番で提供する必要があります。

企画職やコンサルティング職であれば、論理的な話し方も求められます。

リーダーや営業職であれば、人を説得したり、気持ちを変えさせたりすることも求められます。

経営者であれば人心を掌握する話し方を、就職活動中の学生であれば相手に評価される伝え方を身につける必要があります。

このように、ただ単に「わかりやすく話す」といっても、求められるスキルもレベルもまちまちです。

これだけ聞くと、「うーん、大変かも」「自分にはできない」と思ってしまうかもしれません。

でも、大丈夫です。

たった13字で話せるようになるコツを手に入れるだけで、誰でも見違えるほど話が上手になるからです。

小泉進次郎はなぜ人の心を鷲掴みにするのか

13字で話す方法を詳しくお話しする前に、なぜ短く話すことが必要なのかについて説明しましょう。

私はこれまで、２００回を超える講演や研修を、６０００人以上の学生や社会人に対して行ってきました。

テーマはそのときによって違います。一般企業であればリーダー向け研修などが多いです。また、大学客員講師としての講演であれば、私の研究テーマのひとつである認知脳科学や、マーケティング活動における行動心理学の話をするケースもあります。

おかげで、今では東京都のベンチャー育成支援や外国の駐日大使館などからも基調講演のゲストとして呼ばれる活動をしています。

なかでも「伝え方」がテーマのときは、私は決まってまずこのような質問を聴衆に投げかけています。

「あなたが考える、仕事の指示が明確でわかりやすい人はどのような話し方をしていますか。どうか隣同士で話し合って、どのような話し方をしているか、思い浮かべてください」

いかがでしょう。

読者のみなさんなら、どのような人を思い浮かべますか。

こう尋ねられると、ほとんどの人が、話題が豊富で説明が長く、描写が上手な人を思い浮かべがちです。芸能人でいうと、明石家さんまさんやビートたけしさんのようなタイプです。

しかし、それは違います。少なくとも、ビジネスシーンでは話はむしろ短くて、説明も少ないほうがいいのです。

いったいどういうことでしょうか。

詳しいお話をする前に、一人の人物を紹介させてください。

それは、政治家の小泉進次郎さんです。

将来有望な若手政治家である小泉進次郎さんは、人の心をつかむ話術で有名です。それは、短く、無駄がなく、シンプルに伝える力に長《た》けているからです。

まさに父親譲りの短く話す力。父親の純一郎・元首相も短く伝えることにこだわった人でした。

2001年5月、大相撲夏場所千秋楽の優勝決定戦で横綱武蔵丸を下し、13勝2敗で通算22度目（最後）の優勝を果たした貴乃花にトロフィーを手渡す際に、小泉純一郎首相（当時）が放った一言を覚えている人は多いことでしょう。

「感動した！　おめでとう！」。

たった、これだけです。９文字の一言だけですが、その言葉は今でも人々の記憶から離れず、歴史的な名シーンとして心に刻み込まれています。

あなたの考えを、短く、シンプルに伝えよう

大切なのは、あなたの考えを短く、簡潔に伝えることです。

シンプルでわかりやすい言葉ほど相手に伝わり、人の心を動かします。

部下への指示であれば、伝達ミスや間違いがなくなります。

商談やプレゼンであれば、説得力が生まれて、より論理的な話し方になります。

なにより、あなたのイメージもアップします。

あなたが心を動かされた映画やドラマの台詞《せりふ》を振り返って思い出してみてください。それは、短く、シンプルな言葉ではありませんか。

最新の認知脳科学では「短く話す人ほど自信にあふれている」と感じる

短い言葉で構成された話し方をする相手を、人は自信に満ちあふれていると感じるものです。

たとえば、影響力をコントロールすることに長けている人は、あえて短く話すテクニックを使います。

これは知り合いの経営者から聞いた話ですが、サイバーエージェントの藤田晋社長は、会議ではあえて短く話して、相手の言葉を引き出すそうです。

そして、わざと沈黙を作ります。その沈黙に耐えられなくなって、部下はたまらず「これやります」と言い出します。すると藤田社長は一言、「では、それやってみて」と指示を伝えるそうです。

ほかにも、テレビドラマや映画では、その演出上、キャラクターごとのプロフィールを説明できません。そのため、役者は台詞ひとつでキャラクターの生い立ちなどの背景や人柄を伝えます。

こうした場合、会社の社長や重役は決まって端的に話します。あえて必要な演出がない限り、短い台詞がほとんどです。

マフィアのボスはどうでしょう。こちらもやはり、短く、簡潔に伝えませんか。逆に、コメディなどで道化役に徹する役者は、たいてい早口で、話が長いものです。

もちろん、理由もなく、そのような演出をするはずがありません。

それは、見ている私たち側が、短く話す人間を自信に満ちあふれていると感じるからにほかなりません。人間の脳は、自分より短くゆっくり話す相手を、自分より格上だと錯覚してしまうのです。

話し方ひとつであなたの印象はガラリと変わる

逆に、長く話す人はそれだけで無意識のうちに自分のイメージを下げていたり、損をしている場合があります。

もちろん、相手に自信があると感じてもらえるかどうか、だけではありません。わかりやすく、短く話すことによって、コミュニケーションも円滑になります。あなたの仕事の印象もがらりと変わることでしょう。

さらにわかりやすい説明は伝達ミスや誤解を防ぎます。ストレートに相手の心にも伝わります。

なにより、相手の時間を奪いません。


数年前、『嫌われる勇気』（岸見一郎・古賀史健共著　ダイヤモンド社）という本がベストセラーになりました。心理学者アドラーの教えを解説した書籍です。その本の中では、「人の悩みの9割は人間関係によるもの」と説いています。

つまり、コミュニケーションの9割を占める言葉による伝達が、あなたの職場やプライベートの人間関係さえ円滑にしてくれるということです。

なぜ、研修や本のノウハウが使えないのか

なぜ、研修を受けたり本を読んだりして得たノウハウが、使いこなせないのか。

それは、あなたの能力の問題ではありません。ノウハウが多すぎて使いこなせないのか、ノウハウはシンプルだが応用が難しい、のどちらかです。

同じように、あなたの話が伝わらない根本の原因は、あなたの頭の中がこんがらがっていて、すっきり整理されていない状態だからです。

いろいろな問題とか、やりたいことが複雑に絡み合った状態のまま、うまく話せるはずがありません。

そのためには、本書ではまず次の４つのポイントを整理することからはじめます。

①複雑な内容を「短く」する。

②相手に伝わる「順番」にする。
③お互いに理解しやすい「構造」にする。
④①から③を状況に応じて使い分ける。

たったこれだけで、あなたの話は格段に伝わりやすくなります。

脳科学や心理学の視点から見た、感情を動かす伝え方

とくに大切なのは、どこに焦点を当てるか、ということです。

相手を動かす影響力を表情や仕草で手に入れたり、相手の動きに自分を合わせるといったミラー効果などの心理的方法は、本質的ではありませんし、リアルな現場では通用しません。

神経言語プログラミングやノンバーバール・コミュニケーションという、心理学の視点から見た、相手の感情や心をコントロールする方法はたしかにあります。

しかし、実際にやろうと思えば相手も気づきますし、こちらの狙いが見透かされます。そういった小手先のテクニックで話し方や伝え方を上手にしようと考えるのは、二流の考え方だと私は思います。

一流の人は物まね上手

では一流の人は、どうやって伝え方などの新しいノウハウを身につけているのでしょうか。

私はこれまで6000人以上のリーダーを育ててきましたが、優秀なリーダーは実はものまね上手です。

「こんなスキルを身につけたい」と思える人に会うと、その型をそのまま身につけていきます。それが一番早く、確実に上達する方法だからです。

本書では誰でも13字で伝える力を身につけられるように、たった2つのシンプルな方法しか紹介していません。ぜひ、本書を真似ることで伝える力を身につけてください。

すべてを13字で組み立てると伝わりやすくなる

私は13字あれば、人の意思は十分伝えられると考えています。

大げさに聞こえるかもしれません。しかし、この本を最後まで読めばわかります。一瞬で話し方も伝え方も変わるはずです。

そして、あなたの言葉や話し方が変われば、行動も変わってきます。

現代の脳科学では、「言葉が脳を支配している」というのが定説です。

あなたの行動は、まず脳によって言葉に変換されて、それを指令として伝えています。

つまり、あなたの行動は言葉によって支配されているわけです。

話し方、伝え方が変われば、相手だけでなく、あなた自身も変わっていくことができます。

また、その他にも、この本で「13字で話す」方法を手に入れれば、次に挙げるようなたくさんのメリットがあります。

◎相手とのミスや誤解を防げます
◎営業の成績が上がります
◎プレゼンが上手になります
◎報連相やメールなども上達します
◎わかりやすく、記憶にも残ります
◎「君の説明、わかりやすいね」と上司から言われるようになります
◎同僚や部下の評価が高まります
◎仕事で出世できます
◎コミュニケーションが円滑になります
◎時間を節約できます
◎論理的な話し方も同時に手に入ります
◎結論から組み立てるテクニックも覚えられます
◎就職活動中の学生であれば、印象が良くなり面接が有利になります

この本を読めば、誰でも13字で話せるようになります。ぜひ、あなたのビジネスやプライベートでの会話力の向上に役立ててください。

２０１９年7月吉日　上岡正明

Contents

第2章　シンプルで記憶に残って忘れないからミスが減る

第3章　頭がいい人が使う「13字」の秘密

第4章　相手に1回で伝わる「伝え方」の3原則

第5章　13字で伝える技術

第8章　脳のパワーを最大限に引き出す伝え方

第9章 13字アウトプットで究極のスピードを手に入れる

第10章　シンプルな言葉で自分を磨き、まわりの評価を上げる技術

ブックデザイン／中西啓一（panix）
本文DTP&図表制作／横内俊彦

序章

なぜ、あなたの話は
いつも伝わらないのか

わかりやすい伝え方には、シンプルな法則がある

伝え方にはシンプルな法則があります。人の記憶に残り、人を動かす伝え方というのは、この法則で誰でも作り出すことができます。

その法則を知ってから、私の人生は劇的に変わりました。それまでの「人がなかなか動いてくれないし理解されない」といった状況から抜け出して、どんどん私に協力してくれるようになったのです。

まさに、伝え方が私の人生を変えてくれた瞬間。

その法則を1冊にまとめたのが本書で紹介する13字アウトプットです。

すべては、あなたの伝え方ひとつで変わってきます。

あなたのまわりに、あなたを支えてくる支援者をどれだけ増やすか。これも伝え方の1つの目的です。

伝え方をマスターしようとしたとき、あなたもいろいろと失敗しながら、プレゼンテーションや効果的な商談スキルを身につけていくと思います。しかし、それでは私のように10年かかってしまいますし、それまでに多くの遠回りを積み重ねることになると思います。それも修行だと考えれば、それでもいいでしょう。

しかし、正直なところ、あなたのキャリアには賞味期限があります。もちろん、夢はいつまでも追い続けてかまいません。愛くるしい表情で有名なカーネル・サンダース氏は、いまや世界中に広がるケンタッキーフライドチキンの最初の1号店を、壮齢を超えてからはじめたといいます。

しかし、年齢を重ねるうちにチャンスというダイスを転がす機会は、確実に減っていきます。そうなる前に、あなたの人生を高めてくれるスキルを、効率的に身につけておくべきでしょう。

私は十数年かけて、ようやく1つの法則性にたどり着きました。

それが、13字のアウトプットです。この方法さえ身につければ、私のような遠回りやプレゼンでの失敗、コミュニケーションでの人間関係の苦しみを味わわなくてすみます。ぜひ、この本を読んで、実践していただきたいと思います。

どんな資格試験や語学の勉強もそうですが、まず先に伝える力を学ぶというのは非常に大事なことだからです。

理由は明確です。資格試験の結果、新しいスキルを身につけても、いい大学を卒業しても、最終的には言葉によるアウトプットからは逃れられないからです。

言葉にもエネルギーとベクトルがある

これからの時代、世の中の情報はどんどん加速度的に増えていきます。

一説には、情報量は10年前のおよそ300倍になったと言われています。さらに、AI（人工知能）やニューロ（神経細胞）コンピュータが発達すれば、もはや人間の脳では処理できない膨大な情報がこの世界を支配すると言われています。

このように、ただでさえ情報がオーバーロードしている中で、あなたの話し方が単調でつまらなく、ダラダラしているものなら、耳を傾けるのもおっくうになります。だから、なるべくそうした評価から距離を置く。それが、あなたにとっての価値となり、武器となります。

不安定な時代だからこそ、「強い言葉で記憶に残るように伝えていく」ことがあなたの評価につながるわけです。

では、膨大な情報と忙しい時間の中で、相手とコミュニケーションし、相手に動いてもらうには、どう話せばいいのか。それは、「短い言葉で、端的に表現する」ことです。ただ短いだけではない。短いけれど、これまでよりも何十倍もわかりやすく、エネルギーを感じて、思わず行動したくなる。そのような伝え方が大事になります。

「はじめに」でご紹介したスピーチ上手の小泉進次郎さんは、自分のスピーチを「枝葉を切って幹を語る」と表現しているといいます。

幹はまさに、本書で言う13字のアウトプットの部分です。ここから逃げると、文章は長くて、つまらないものになってしまいます。

大事なことなので繰り返します。言いたいことから逃げて、要点をぼかしてばかりいるから、あなたの話は長くてつまらないのです。

その場で理解し、その場で判断し、その場で即決してもらう

話す内容は、9割の人が長くなります。

しかし、長くすれば長くするほど、相手の理解度は落ちてしまいます、結果、何も決まらない、ということを覚えていてください。

また、じっくり話せば相手が理解するのか、相手の記憶に残るのか、というと残念ながらそういうわけではありません。

伝えたつもりでも、すぐに忘れられてしまっては意味がないのです。その理由を、この本ではひとつずつ解き明かしていきます。

つまり、本書のいう13字で伝えるスキルとは、その場で理解し、その場で判断し、その

場で即決してもらうことを目指しています。

そのために、いかに短く話すか。いかに相手の脳の処理スピードを上げてもらうかが大切です。結果的に、一番早く無駄のない伝え方となります。

もちろん、これはビジネスメールなどの文章の書き方でも同じです。プレゼン資料もそうです。資料も結論から簡潔にまとめるほうが、相手の理解も決断もスピーディーになります。

つまり、13字の伝え方は、コミュニケーションの領域にとどまらず、あなたのスピードとなり、あなたのパワーになるわけなのです。

第1章

人生を変えたければ
アウトプットを変えよう

人生のアウトプットの9割は話すことである

人間の行動も、言葉によるアウトプットで変わることが最新の脳科学でわかってきています。

なにも不自由がない方で、相手とのコミュニケーションを文字だけでする人はいません。部下に対して筆談だけで指示していては仕事になりません。

私たちの意思の伝達や指示は、話し言葉によってほとんどが占められているわけです。

もちろん、最近は、あえてメールやＬＩＮＥ（ライン）で報告する若者が増えているのはたしかです。ですが、逆に言えばそうした時代だからこそ、「話し方」「伝え方」を今あなたが磨けば、まわりとの大きな差となって返ってくるはずです。

話し方やプレゼンが変われば、人生が豊かになる

私は28歳で経営者となり、30歳で作家にもなりました。また、ビジネススクールで情報工学を専攻し、卒業してからも脳科学と心理学の研究を続けています。

そこでは、最新の論文や研究データを元に、伝え方やコミュニケーションによって、人の行動や印象がどう変わるかを研究しています。

また、こうした功績を認められて、東京都や大学院に客員講師として呼ばれて、基調講演などもつとめるようになりました。

そうしたなかで、私は言葉以外で意思を伝える研究もしています。ノンバーバル・コミュニケーション（非言語表現）や、ボディーランゲージといった類のものです。

ノンバーバル・コミュニケーションとは、その人の仕草、雰囲気から、相手の気持ちを感じ取りながら人間関係を構築したり、伝える内容を判断することです。

「バーバル」とは、言語のことです。つまりノンバーバルは「非言語」という意味ですね。

たとえば表現力のある人でなくても、機嫌が悪いという状態は、周囲がそれとなく感じ取ってしまうものですよね。そのくらい、コミュニケーションにおいて、その人の醸《かも》し出す雰囲気というのは重要になります。

その表現方法を、コミュニケーションにおいて意識的に活用することはたしかに可能です。テクニックとして知っていれば、コミュニケーションも変わってくるものです。

しかし、それらはあくまで補助的なものです。

営業力やわかりやすく説明する力、あるいはコミュニケーションスキルを高めたい方が、神経言語プログラミング（ＮＬＰ）の研修を受けたり、間の取り方やあいづちなどのノンバーバル・コミュニケーションの本を読みあさっているのをよく見かけます。

もちろん、そうした努力が無駄だとは言いません。

しかし、コミュニケーションの主役はやはり言葉であり、あなたの伝え方なのです。

そうした補助的な部分に成長や解決を求めたり、重要視してしまうのは、木を見て森を見ずだと思います。

結局、あとですごい遠回りをしていたことに気づくことが多いものです。

「はじめに」でもお伝えしたとおり、アドラーは「人間の悩みの9割は人間関係だ」と言っています。

つまり、話がわかりづらい人、説明が下手な人は、人づきあいも出世もうまくできないということです。

プレゼンの技法やロジカルシンキングなどはもちろん大切ですが、まず、あなたの伝え方、話し方を磨くことが大切なのです。

話し方を変えれば、頭の中もすっきりと整理される

また、ちょっとした工夫で話し方を変えれば、あなたの頭の中も整理されます。

あなたの脳は、たえず言葉で思考しています。

「何か食べたいな」

「運動したいな」

「今日は彼氏（彼女）と会いたいな」

このように、まず言葉が脳に生まれて、それを行動に移すことによって欲求を満たしています。

なにもない「無」の状態のまま、物事を判断したり、決断しているわけではありません。

実際、脳の部分で、言葉を司っているのは言語野です。この脳の部分が損傷されると、言葉の情報処理がうまくいかなくなり、行動や感情などがうまくコントロールできなくなることがわかっています。

急に泣き出したり、怒りっぽくなったり、場合によっては攻撃的になってしまうケースもあります。それだけ、脳と言葉は密接に絡み合っているわけです。

私の本業であるコンサルティングの世界では、とくに相手に自分の考えを正確に伝えることがとても重要になります。しかし、経験の浅い社員の中には、なかなか自分が伝えたいことが相手に伝わらなくて、もどかしく感じている場合も多くあります。

そうした社員も、最終的にはこの本にある方法を教えることで、すぐにわかりやすく、論理的に話せるようになります。

一方、自分の考えを相手に理解してもらえない社員には、ある1つの傾向があることもわかりました。

たとえば、弊社の社員の場合を考えてみましょう。

弊社に入社まもないA君という社員がいるとします。年齢は25歳、大学時代はずっとラグビー部に所属。体力には自信があります。そんな彼の手には、社長である私から渡された営業資料があるとします。

私の指示は、「今日夕方の訪問までに、この資料を説明して、商談時のあなた（読者）の役割を決めておいて」です。

さて、営業資料を手にしたA君は、一通り資料に目を通したあと、あなたに今日の営業先の説明とあなたの仕事を割り振ります。

話は先ほどの社長室でのやりとりからはじまり、先月私と一緒にクライアントを訪問した話、そのとき受けた印象、課題や宿題、さらには弊社が出すべき資料を徹夜で作った話や、そのあと私に声をかけられて飲みに行った話など、とにかくだらだらと続きます。

しかし、いくら話しても、あなたは理解ができず、首をかしげるばかりです。オフィス

図表1　頭の中でシンプルに理解されていることが必要

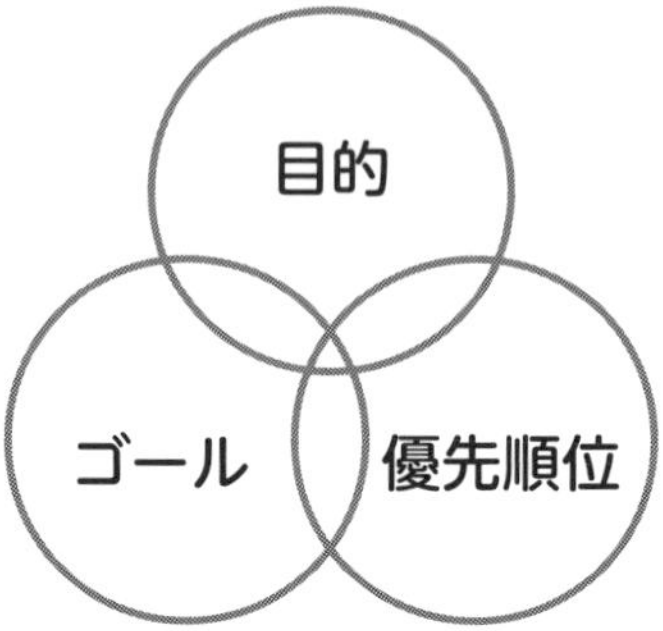

伝えるべき内容が言葉としてシンプルに頭の中でまとまっていれば、あとはそれを相手の脳に移植するだけ！

の時計を見ると、訪問2時間前。時間もどんどん失われて、ついに焦りの頂点に来たあなたは最後にはこう言います。

「あのー、すみません、社長もまじえてお話してもいいでしょうか」

いかがでしょうか。笑い話のような内容ですが、どこの職場にもよくある光景です。いったいなにがよくなかったのでしょうか。

このとき、まず考えてほしいのは、A君が伝えるべき内容について、「私の考えを深く理解しているか」ということです。

伝える力は、伝える側の頭の中がすっきりとまとまっていることがなによりも重要です。伝えるべき目的とその内容が理解できていれば、「人にわかるように伝える」ことはそれほど難しくありません。

なにも専門知識などに精通している必要はありません。それよりも、あなたの頭の中で、今回の「目的」「ゴール」「優先順位」が、シンプルな言葉として理解されている必要があります（図表1）。

あなたの頭の中が整理されていれば、あとは相手に移植するだけ

伝えるというのは、そのシンプルな言葉が、あなたを通じて相手の脳に移植されているにすぎません。

資料を読み、あるいは人から説明されて、人は「理解した」と思いがちです。

しかし、自分はそう思っていても、人に伝えることができるレベルまで、頭の中がシンプルに整理されていなければ、効果的に伝えることはできません。

では、どうすればいいのか。答えは簡単です。

①なるべく短い言葉で考える
↓
②あなたの脳の中をすっきりと整理する
↓
③その状態のまま、相手が知りたい順番で話す

人に伝えて、一度で理解される。

目的を共有して、相手を動かす。

そうした場合、あなたに必要なのは、まず自身の頭の中をすっきりと整理することです。

そのとき、長い言葉のままでいると、頭の中はなかなか整理されません。

いかに短く、コンパクトなピースで頭の中を構成しているかが大切です。たとえば、13字程度の箇条書きで「目的」「ゴール」「優先順位」を理解していれば、頭の中が整理されずに、うまく口から言葉が出てこないということはありません。


なんら難しいことではありません。

コツはインプットの最初から新しい知識や情報について、13字程度の言葉で、箇条書きで蓄積していくのです。

たとえば、資料を読むのならマーカーで線を引きながら、話を聞くのなら箇条書きでノートに書き出していくだけで、あなたの頭の中はぐっと整理されていきます。

園児の遊具である積み木と同じです。手に余るような大きなブロックは扱いにくく、持ち運びにも不便です。小さなブロックであれば、イメージに合わせて自在に組み立てられますし、簡単に持ち運べます。

このように、相手が求める内容に応じて、言葉をまず整理しておく。

あとは、相手の求める順番で、説明すればいいわけです。

脳は言葉をイメージとして考えて、実行を指示しているだけ

頭の中で言葉がうまく整理されていないと、行動力や生産性にもつながりません。

脳はあなたの頭の中の言葉をイメージ化して、それを実行しているにすぎません。

「課題や心配事はノートに全部書き出しましょう」と書かれている本やビジネス誌の記事を読んだことがありませんか。脳科学的にいえば、それは言葉を整理して客観的に見つめ直すことで、頭と心を整理しているにすぎません。

そう考えると、あなたのまわりの仕事ができる人の秘密も見えてきます。

なぜ、あの人はいつも仕事が速いのか。

なぜ、あの人はいつもミスが少ないのか。

答えは、命令や指示などの言葉が、頭の中ですっきりと整理されているからです。頭の中をシンプルにする。頭の中を整理する。そうしたことにも、この本は役立ちます。

行動や生産性が変化しますから、その後のあなたのアウトプットの質も変わってきます。

相手に正しく伝わっている確率は2・5%

極論を言えば、今のあなたのままでは、あなたの会話や指示は、ほとんど相手に伝わりません。

オックスフォード大学の研究で驚くべき研究結果がもたらされました。

人の会話によってどれだけ伝わっているかという研究をした結果、わずか2・5%しか相手は理解できていない、ということがわかったのです。

つまり、それだけあなたの話は相手に伝わっていないわけです。

「これだけ、ゆっくり話したから大丈夫だろう」

「これだけ、丁寧に説明したから動くだろう」

これだけでは今の問題は解決されません。

では、どうすればいいのか。答えは、もうあなたに教えています。相手が理解しやすい短さで、シンプルに話す。私はそれを「13字アウトプット」と呼んでいます。

脳科学的にも認められた、この本であなたに紹介するメインテーマです。

伝える力はちょっとした訓練で誰でも手にできる

13字で話す。そう聞くと、大変そうだと感じることでしょう。

ほとんどの人が「自分にはムリだ」と感じてしまうかもしれません。

しかし、心配はいりません。

伝え方を高める技術と、ちょっとした構造を理解するだけで、誰でも短く、シンプルに話すことは可能です。

短くシンプルに話せば、相手の頭も整理されて理解度も高まります。先ほどのオックスフォードの研究ではありませんが、相手の理解度のパーセンテージをどんどん高めることができます。

高いお金を払う必要もありません。話し方教室やNLPなどの高額セミナーに手を出す必要もありません。

全部この本だけで身につきます。

アウトプットを意識した「13字」で話を組み立てよう!

この本ではのべ6000人の学生や社会人に紹介してきた、私の「13字で会話を組み立てる技術」を紹介しています。

しかも、ポイントはたった2つです。

①13字で話を組み立てる方法をマスターする
②相手が理解しやすい順番と構造を2パターンだけ理解する

「えっ、たったこれだけ?」。そう思った方も多いでしょう。

しかし、これだけでビジネスシーンや商談、大切なプレゼン、学生であれば就職活動で十分に活用できます。

あるいは、上司と部下との会話でも使えます。

恋愛や友人との会話でも、もちろん使えます。

話す技術、伝える技術というのは、仕事やビジネス、あるいは恋愛関係や人間関係をうまく行うための潤滑油です。

とくにあなたが「ビジネスで成功したい」「職場で認められたい」と思っているなら、

必須のスキルとなります。

リーダーであれば「指示の伝え方」をきちんと学んでおかなければ、伝えたい内容が部下にきちんと伝わりません。

この本では、話し方を高めるための方法を、技術と構造の両面から説明しています。

伝える力を身につけて、職場でのコミュニケーションを円滑にするためにぜひお役立てください。

第2章

シンプルで記憶に残って忘れないからミスが減る

シンプル、だからわかりやすい

テレビを見ていて、「この人の話、すごくわかりやすいな」と思うことはありませんか?

そうした方は、たいてい説明が短く、構造がシンプルです。

本書で紹介する13字のアウトプット法は、とくにマツコ・デラックスさんから学ぶことができます。

私は言葉の専門家として、テレビ番組の台本や脚本を作る仕事もしていました。フジテレビの『めざましテレビ』やテレビ朝日の報道番組などの番組構成にも関わってきました。そうしたなかで、何度かテレビ番組のスタジオ収録にも立ち会いました。

そのとき、「話がうまいな」と感銘をうけた芸能人がいます。そう、マツコ・デラックスさんです。

マツコ・デラックスさんといえば、切れの良いトークと、歯に衣着《きぬ》せない表現で人気があります。

もちろん、その実力はテレビ関係者も認めるところです。なにせ、素人ゲストだけで番組を成立させてしまうわけですから。

これは、通常では考えられないことです。基本的にバラエティ番組はメインの司会と、ゲスト席に座る芸能人やお笑い芸人で成り立っています。

それぞれの話術や笑いのプロ同士が掛け合うことで、番組を盛り上げています。そのなかから、さらに面白い部分だけを編集して放送しているわけです。

それを、マツコ・デラックスさんはたった一人の話術だけで番組を成立させてしまっているわけですから、スゴいの一言しかありません。

さて、そんなマツコ・デラックスさんは、ものごとを端的に表現する天才でもあります。ストレートに、短く状況や心境を説明します。たまに、ゲストの方の話が長いと、それをさえぎって、「つまりは、こういうことでしょ」と説明します。それは、見ていて小気味よいほどです。

そうした的確な合いの手があると、視聴者側の理解も進みます。

ただ、私のようなプロの目線から言うと、それ以外にも理由があるように思えます。それは、マツコ・デラックスさんの番組を印象深く演出するテレビ画面のテロップの長さです。画面に表示させる文字数に合わせて、13字前後の印象的な言葉を、ここぞというときに、ズバッと吐いているのではないかと分析しています。

一昔前まで、テロップは専門の職人がいて、全部手作りで作成していました。現在はデジタル加工されて、テレビ番組の編集もだいぶ楽になったと聞きます。

ただ、それでもテロップというのは画面の隅を文字で埋めてしまうため、番組ディレクターはあまり使いたがりません。使うとしても、言葉を吟味して、相当短くして使います。つまり、マツコ・デラックスさんは、意識して、この13字のアウトプットを有効に活用しているわけです。

ヤフーニュースのタイトルも13字

どんな人でも一度で理解して、脳が瞬時に整理できる文字数は、13字程度と言われています。

それ以上の文字数は、文章として構造が複雑になり、しっかり読まないと意味が理解できないのです。

この「13字の法則」は、みなさんのよく知っているインターネット上のポータルサイトでも使われています。

たとえば、ヤフーニュースのタイトルも13字です。ヤフーニュースは「ヤフー砲」などと呼ばれていて、そこから日本中に広がって数々のヒットやバズが生まれています。ヤフーのニュースサイトに掲載されれば、テレビ番組もヒットやブーム間違いなし、とまで言われています。

そんなヤフーニュースのトピックスの見出しも、すべて13字以内でつけられています。

もちろん、最初はもっと長かったそうです。しかし、ヤフーニュースの編集責任者が試行錯誤を重ねるうちに、人が最も記憶しやすく、理解しやすい13字に行き着いたといいます。

このあたりの詳しい話は、ベストセラーにもなった奥村倫弘さんの『ヤフー・トピックスの作り方』（光文社新書）に詳しく紹介されています。興味がある方はぜひ書店で手にとってみてください。

そのなかでヤフーニュースがあえてニュースの価値を一言で表す理由が次のように述べられています。

◎事実を正しくコンパクトに伝える
◎無駄な表現は省くことでインパクトを与える

この2つが理由で、ヤフーニュースはタイトルを13字で構成しているわけなんですね。

脳が情報を知覚する範囲も13字

同じように、京都大学大学院の研究によると、人が一度に知覚できる範囲はだいたい9〜13字だと発表しています。

エネルギー情報学分野を専門とされる下田宏先生の研究によれば、人が一度に知覚できる情報の範囲は9字から13字前後であるということ。実際、ヤフーは13字がタイトルにおける原則なので、その研究結果と合致します。

また、調べていくと他の人気ポータルサイトの記事タイトルもだいたいこの範囲内に収まっています。このように、13字というのは脳の知覚の範囲を科学的な根拠によって裏づけしたものでもあるわけです。

話し方や伝え方に限らず、プレゼン資料やメール文、そのほかさまざまな資料を作るときには、読み手の知覚の範囲にアプローチすることが大切です。そのためには、このようにある程度、人間の脳のあり方も意識することが重要です。

そうした際、短く、シンプルに伝える技術とその裏側の構造を知っておくことは、あなたのビジネスにとって有益になります。

頭の中が整理されていないから短く話せない

ここまでの話をまとめますと、短く話の構成を組み立てることができる人は、相手も理解しやすく、脳がイメージをしやすいので行動をうながすことができます。

短く話せる人は、また必要に応じて長く話すこともできます。言葉の主要部分を構造として理解しているので、それを埋めるように言葉を加えていくことが可能です。

もちろん、長く話す必要がないのに、ダラダラと伝える必要はありません。

あくまで相手が求めていることが前提になりますが、こうした場合は、あなたの頭の中はシンプルに整理されたままなので、話が混迷したり、相手が話の構造が理解できずに困ってしまうようなこともありません。この本で紹介する、厳選された、論理的に話すための「4つの接続詞」を使った長文づくりをマスターすれば、さらに相手の理解度は向上します。

逆に、長く話す人は、残念ながら短く話すことはできません。

理由はもうおわかりですね。

それは、伝え方や言葉の問題ではありません。相手の脳がそれを不可能にしているわけです。

冒頭でも説明したとおり、脳はイメージしたものを言葉にします。話が長い人は、最初から頭の中が整理されていません。一方、短くシンプルに話す人は、頭の中がすっきりまとまっています。

普段から長く話すことに慣れてしまっている人は、そもそも頭の中の言葉や構造が複雑です。そのため、普段から短く話すことに慣れた人より、何十倍も長く話してしまうのです。

13字のメッセージを伝えることで「脳内の処理負担」を減らす

このように「いかに短い時間で、人に価値を伝えることができるか」は、ビジネスにおいても非常に重要です。

そして、これはちょっとした工夫と〝型〟を手に入れるだけで、誰でも身につきます。実際、私も20年前まで、読者のみなさんと同じでした。話す内容は支離滅裂で、長くダラダラと話していました。

とくに横文字を使えばスマートな印象を与えられると勘違いしていた私は当時、「クリエイティブ・ストラテジー」だの「ファイブフォース」だの、自分でも定義があいまいな単語をやたらと会話に使っていました。

しかし、頭のよい人や目上のクライアントはそんな私の虚栄をすぐに見抜きます。「君の話はカタカナばかりが多くて、目的やゴールがわからない」。いつもそう言われていました。

そんな私でも、この本で紹介する13字アウトプットを基本とした、誰でもできる伝え方の〝型〟を手に入れただけで、すっきりと、わかりやすく話せるようになったのです。

しかも、相手が勝手に動きたくなるような強さとエネルギーを持って。

またこのテクニックは日常のビジネスにおける会話だけでなく、メールや上司への報連相、部下とのコミュニケーション、さらにはプレゼン、営業などすべてのビジネスシーンに共通して使えます。

シンプルで、わかりやすい伝え方は、すべてのコミュニケーションの原理原則だからです。


相手に短く伝えるためには、物事の本質を捉え、その核心を瞬時に突く必要があります。私自身も、より質の高い情報を、シンプルな言葉でいつでも発信できるように、日々改善を繰り返しています。

長い文章を読んだり、長い話を聞いていると、「要はどういうことなんだ?」「長くて最初のほうを忘れてしまった」と、頭の中が混乱したり、気持ちがいらいらしたりと、とても負担がかかります。

13字で話を組み立ててメッセージを伝えることは、こうした読み手や聞き手の「脳内の処理負担」も同時に減らすことができます。

人間の脳は、発電機と同じです。多くの発電をするために、たくさんのエネルギーを消費していますo 人間一人につき平均で体全体の2%の体積しかないにもかかわらず、全エネルギーの25%を消費しているという研究データまであるほどです。

脳というのは思いのほか燃費が悪いのです。

そのため、できるだけ脳の負担を減らしたほうが話し手、聞き手双方にとってメリットがあるのです。

空間認知能力を使わせないような構造で話す

一方で、どんなに長く話していても、すぐ頭の中で理解できる人がいます。まるで脳が負担を感じていないかのように、です。

こうした人は、一般的に認知脳科学の観点からいえば、頭の中で言葉をイメージ化する空間認知能力が高い人です。

でも、大抵の人はそれがなかなかできません。できないから、聞いているうちにわからなくなった、複雑すぎて理解できなくなってしまった、となるわけです。もちろん、私もその一人です。

これを防ぐために、空間認知能力が基本的にない人でも、先に理解しやすいよう13字の短いフレーズで構造をまず組み立てて、そのまま提供してあげることが大事になります。

それが、13字で物事を伝えることの本質的な意味です。まさに、伝える内容を積み木で積み上げて、そのまま渡してあげるようなイメージになります。

記憶に残るからわかりやすい

また、ただ聞きやすいだけの会話は、スッと耳に入っても心には残らないものです。

記憶に残らなければ、あなたの印象を相手に深く伝えることができません。

記憶のメモリーを作動しないということは、ミスや誤解も生まれやすくなります。

私の会社で、ミスばかりする社員がいました。

「どうしてだろう」と思って、あるときオフィスで様子を見ていて、「ああ、なるほど」とすぐに原因がわかりました。

上司から部下への指示が的確でなかったのです。

あとで詳しく説明しますが、13字のメッセージにちょっとした「構造」を意識すると、自然と忘れにくくなることがわかっています。

脳の記憶に鮮明に残り、相手がすぐに目的の行動に移れるようにもなります。

学生であれば、相手の印象に強く残ることで、採用活動を有利に展開することもできるでしょう。

もちろん、これはキャリアを求める転職活動でも同じことです。

キャリアを求める転職では、自分の価値を強く相手に印象づけなければなりません。そのとき大切になるのがあなたの伝え方です。

13字アウトプットを駆使すれば、あなたの市場価値を一気に高めることも可能です。先ほどのヤフーニュースの例と一緒です。「13字」で伝えることができるかで、相手の印象因子は大きく変化するのです。

そのコツもすでに紹介した、

①13文字で話を組み立てる方法をマスターする
②相手が理解しやすい順番と構造を2パターンだけ理解する

ですべて事足ります。

「読む・聞く・書く・話す」すべてに応用可能

基本的には、あなたが覚えるのは13字を中心にしたアウトプットの方法と基本の型だけ。この組み合わせで、あなたのアウトプットは無限に広がります。就職活動中の大学生でも。リーダーでも。もちろん、私のような経営者でも。

あなたの話し方の変化に、周囲はあっと驚くことでしょう。

セミナーや研修で教えていて、「ああ、もう少し話し方を工夫するだけで、周囲の評価がグッと変わるのになぁ」と非常にもったいないと感じることがたくさんあります。

さらにこのテクニックは、一度マスターしてしまえば「読む・聞く・書く・話す」の4技能のすべてに応用が可能です。

これって、けっこうおいしいですよね。これまで、それぞれのテクニックを覚えようとしたら、1冊ずつ書店で購入する必要がありましたから。つまり、一度で4度おいしいわけです。

しかも、それが全部1冊で対応できてしまう。

それもこれも、この13字アウトプットが、すべての原理原則に基づいているからです。

いろいろな本を購入して、大切な時間を無駄にする必要もありません。会話やプレゼンの応用の範囲なら、基本的なことはすべてこの1冊で十分なのです。

それでは、次章からいよいよ13字で話す、その核心部分に触れていきましょう。

【コラム①】伝える力が上達すると自己肯定感が高まる!?

２００６年の古い情報ですが、ヤフーと市場調査会社インテージが共同で行った20代、30代のビジネスパーソン４００人を対象に実施した調査では、「自分のプレゼンに自信があるか」との問いに、49％の人が「苦手だ」、26・7％が「とても苦手だ」と答えています。

つまり、約8割近くの人が「自分のプレゼンや話し方に自信がない」と捉えているということです。

そして、この自分の伝え方、コミュニケーション能力に自信がないというのは、自己肯定感のマイナスにつながります。

なぜなら、伝えるというのは、周りとの人間関係を構築する、最も大切な土台だからです。ビルで言えば、地中深くにリグで埋められる鉄筋の大きな支柱です。

だから、アメリカ人や中国人に比べて、日本人は自分に自信がないのです。つまり、伝える力そのものを、子どもの頃からしっかりと訓練していないからなのです。

しかし、これからのグローバル時代においては、自分の意思を伝える力、相手の意見をヒアリングしてそれに対応して話す力が求められています。

しかも、こうしたスキルは、あなたが意識すれば鍛えることができます。伝える力というのは、訓練次第でいくらでも上達するのです。

本書で紹介する13字アウトプットもそうした方法の1つとなります。

第3章

頭がいい人が使う「13字」の秘密

なぜ、頭が良くて真面目な人ほど説明が長くわかりづらいのか？

頭が良くて真面目な人ほど、残念ながら、説明が長くてわかりづらいことがよくあります。


つい先日も、このようなことがありました。

その日、私は日本を代表するある繊維メーカーさんにコンサルティングに行きました。新しい新商品をどうブランディングして、認知を広げていくかという戦略会議です。

その席で、実際の商品をデモンストレーションしてもらいながら、吸収性や弾力性などについて説明を受けていました。

会場には私のほか、コンサルタントの部下が2名。クライアント側は開発担当の女性とその部下です。

会議そのものはとても白熱し、大変有意義なものでした。私も「この製品を世界的に広めるためのお手伝いがしたい」という気持ちが強くなっていました。

そんなとき、ふと会議室の扉が開きました。遅れてやってきたのは、メガネをかけた開発部のマネージャーでした。

最初、彼は扉の前の一番左端の席に座って黙って会議の様子を聞いていました。それが、徐々に開発部の女性社員の会話をさえぎって、口を開くようになったのです。

その内容が的を射ていればまだ良いのですが、話が長いうえ、まったくゴールが見えません。

たとえば、「どれぐらいの特許があるのか?」という私の質問に対して、海外工場から日本の本社につい先日戻ってきたばかりだという話からはじまり、まだ現場を把握しきれていないことを謝罪したかと思うと、聞いてもいない日本の特許と国際特許の違いを説明して、最後に特許申請に時間が必要な体制批判をはじめる始末です。

目の前の開発部の女性も困惑げに目を伏せていたので、私はあわててもう一度口をはさみました。

「つまり、まだ特許は出願中ということですね?」

「……つまりは、まあ、そういうことになりますな」

「頭がいい人＝話がわかりやすい」とは限らない

先ほどの例は、少し大げさに聞こえるかもしれません。

しかし、私は結構な頻度でこうしたシーンに遭遇します。実際に、あなたのまわりにもいるのではありませんか。なによりあなた自身も周囲にそう思われているかもしれないのです。

そうならないためにも、今から「効果的な伝え方」の実践の話をします。ただし、その前に、まずは知っておきたい大切なポイントが2つあります。伝え方の大原則です。

これを意識するだけで、あなたの使う言葉や表現が、相手にわかりやすく、受け取りやすいメッセージに変わります。

これを私は、伝え方の「2大ルール」と呼んでいます。

ルール1「何を伝えるか」より「何が伝わったか」

伝え方で大切なのは「あなたが何を伝えたか」ではなく、「相手に何が伝わったか」「相手が何を受けとったか」を、最も重要だと考えることです。

人はつい自分にベクトルや目が向き、伝えることに意識が向き過ぎてしまいます。しかし、話を受け取るのは相手です。こちらが伝えたい内容が、相手に正しく伝わって初めて「伝達」「指示」などのコミュニケーションが成立します。

「何が伝わっているか」「どの順番で理解しているか」を意識したとき、あなたの「伝え方」は、より相手に伝わるものになると思ってください。

これを顕著に表したミスコミュニケーションの例として、私がよく研修などで挙げる、こんな笑い話があります。

〈とある上司と部下の会話〉

上司　お客さんが来るから、資料を用意しておいて。
部下　はい、来客までに用意すればいいですか？
上司　その前にチェックしたいな。できる？
部下　はい。

※プレゼン当日

上司　どうして、事前にチェックを依頼しないんだよ！
部下　ちゃんと聞きましたよ。そしたら、「20部でいいから」と。
上司　お、おい！　それはコピー枚数の話だろ。
部下　でも、来客までにチェックできればいいと言ったじゃないですか!?

まるで大喜利のようなストーリーです。しかし、実際にとある大学のゼミで起こった本当の話です。

自分の意見が相手に伝わらないときに、「なんでわからないの?」「この前も同じこと言ったよね?」と目くじらを立てるのは良くありません。

その場合、あなたの言っている内容が、相手にきちんと伝わっていない可能性があるからです。

「何度言ったらミスを防げるのか」。たしかに、そう思うこともあります。

けれども、まずは大前提として、相手にどう「伝わったか」がすべてだということです。

たとえば、コップに半分の水があるとします。このとき、「ああ、もう半分しか入っていない」と感じるのか、「まだ半分も入っている」と感じるかは人それぞれです。

事実は一つしかありませんが、それをどう表現するかによっても、相手の行動が大きく変わってしまうのです。

そのため、伝える側は常に相手に「何が伝わっているか」を考えなければいけません。

「自分がなにを言ったか」よりも「相手にどう伝わったか」こそが大切なのです。

認知脳科学の大切な心構えのひとつに、「相手の反応がコミュニケーションの成果である」という考え方があります。相手が受けとったものが１００％の結果なのです。

伝え方の達人として知られるジャパネットたかたの髙田明社長もその著書『伝えることから始めよう』（東洋経済新報社）のなかで、「伝える」と「伝わる」の違いをこのように述べています。

「どんなに素晴らしい商品でも、お店に並んでいるだけでは商品の魅力はお客さまには伝わらないと思います。『伝える』と『伝わる』は違うんです。お客さまに、伝わるべきことがしっかり伝わっていなければ、お客さまの心は動かないと思います」。

「自分がどう伝えればいいのか」「どんな雰囲気で」という視点、つまりは「相手の目線」が大切なのだということに気づかされます。

ルール2「受け取りやすさ」を意識した構造か

伝え方の上手な人は、また相手の受け取りやすい順番で話しています。しかし、多くの人は、相手の受け取りやすさよりも、自分の表現したい内容を、話したい順番で伝えます。自分の頭の中に浮かんだイメージや時系列にしか意識が向いていないのです。

たとえ言葉がシンプルでも、これでは意味がまったく伝わりません。

自分は結論を知っていますし、その経緯もわかります。しかし、相手は話の背景をまったく知らないわけです。

知らなければ、まったく伝わらないどころか、そもそも何を言っているかさえかわからないことがあります。

そうならないためにも、何かものを頼んだり、伝えるときには、相手の立場に立ち、受け取りやすい順番や構造を意識することが肝心です。

そのための1つの方法としては、すべてを伝えようとしないことです。すべてを大切だと思うと、つい全部を話してしまいがちです。

すると、話の焦点がぼやけてしまい、うまく相手に伝わらなくなります。

話の内容を絞れば、それだけ頭の中で構造を作ることがラクになります。パズルのピースと同じです。少ないピースのほうがゴールにたどり着くまでの構造が速く、スムーズです。

たとえば、大学の教授の話は長くて、単調でつまらないですよね。もちろん、面白くてユニークな教授もいますが、私が学生の頃の教授の話の9割は、残念ながら退屈で、眠気を誘うものでした。

それは、なぜでしょうか。

見方を変えて、もしそうした教授が事前アンケートを行い、学生が聞きたい順番で、学生が興味を示す内容に絞って話していたら、どうなるでしょうか。

おそらく、授業の印象はだいぶ変わるはずです。その先生の授業を受けることが楽しくなるはずです。

すべてを伝えようとすると、何も伝わらない。

これは、話す上での鉄則です。ぜひ頭のメモに書き留めておいてください。すべてを伝えようと思うと、むしろ、話は相手に伝わらなくなるのです。

わかりやすい伝え方には、取捨選択、つまり相手に合わせた集中と選択が必要になります。

脳科学が立証！　実は親切丁寧に教えたほうが相手は混乱する？

先ほどはあえて大学教授の話を例に出しました。

もちろん、大学の教授ならそれでも通用するかもしれません。本職が研究職ですから。

しかし、これがビジネスとなるとまったく通用しません。

「丁寧に全部話す」という行為そのものが、実は自分本位な行為だからです。

相手のことを考えると、実は話は丁寧でなくてもいいのです。正直、目的だけを伝えるだけでも良いケースだってあります。

たとえば、戦場では、常にチームに命令（コマンド）しか伝えません。指揮官は部下を呼び、目的と作戦時間だけを伝えます。それ以外、質問には基本答えません。時間がありませんし、余計な情報はむしろ部下の行動を阻害するからです。

行動が目的であるなら、説明が丁寧であることが迷惑な場合もあるわけです。

先ほども伝えましたね。

□「何を伝えるか」より「何が伝わったか」

□「受け取りやすさ」を意識した構造か

相手が求めていることを、相手の脳が理解しやすい順番と構造で話す。これが大切です。

今から説明する13字アウトプットも、基本的には、すべてこの原理原則に従っています。

このルールの上で、さらに脳科学や神経心理学にもとづいて、誰でも簡単に、しかも論理的な思考力や行動力まで身につけられるよう、体系化したのが13字アウトプットなのだと理解してください。

自分本位でなく、相手本位になろう

この話はとても大切です。なので、もう少しだけ詳しく説明させてください。

たとえば、道をたずねた際、目的地までの行き方や場所を説明されたとき、話がわかりにくい人の特徴はなんだと思いますか。少し考えてみてください。

いかがでしょうか。

はい。それは「長い」「細かい」「丁寧」の3つです（図表2）。

そんなはずはない。最初はそう思われるかもしれません。

しかし、よくよく考えてみてください。

図表2　説明がわかりにくい人の特徴

● 説明が長い

● 描写が細かい

● 話が丁寧

もし、あなたが不慣れな駅に降りたったとします。周囲は住宅街で、道が四方にのびています。そんな場所で、親切そうな方がやってきます。

あなたは駆け寄って、不安そうな顔でその人に道をたずねたとしましょう。

そのとき、その人の話が長すぎると、あなたは最初のほうを忘れてしまいませんか。ただでさえ不慣れな土地です。細かすぎたり、丁寧すぎても、本来の目的がぼやけてしまいます。

こうしたとき、わかりやすい人の説明の特徴はシンプルです。

「相手の聞きたいことを」を「相手が聞きた

い順番」で「そこに集中して話している」こと。それだけです。

評価が高い人ほど使っている。誰でもできるシンプルで短く話す技術

これと同じで、「5W1Hで話す内容を組み立てると良い」と言う人がよくいます。話し方セミナーなどでは必ずシートになって配られます。そのため、5W1Hが話の構造の基本だと考えている人は多いのではないでしょうか。

ちなみに、5W1Hとは、「Who（だれが）」「When（いつ）」「Where（どこで）」「What（なにを）」「Why（なぜ）」「How（どのように）」で話を組み立てる考え方です。ビジネス的に言えば、話すためのフレームワークとも言えます。

①When…いつ（時間）

最初にWhen（いつ）を明確にすることで、相手に時間を明確にします。また、期日をもとに考えるため、〆切りやアポイントの内容を忘れなくなります。

②Where…どこで（場所）

つぎに、次にWhere（どこで）を伝えることで、場所が明確になり、その先の内容が頭に入りやすくなります。

③Who…誰が（主体）／What…何を（物・行動）

Who（誰が）とWhat（何を）を伝えることで、誰が、何をするのかが明確になります。これにより、誰のための話なのかが具体的になります。

④Why…なぜ（理由）／How…どのように（手段）

最後にWhy（なぜ）、How（どのように）が来ます。どのようにその結果に至ったか、またはどのようなプロセスでその目的を行うかを説明していきます。

この5W1Hを意識して伝えるストーリーを構成すると、伝えたい内容の主旨が明確になり、また相手に過不足なく伝えることができます。つまり、伝える内容に抜け漏れがなくなるわけです。

たしかに伝達ミスや理解不足は、内容が不完全のために起こる場合もあります。そうした点を踏まえれば、5W1Hはとても有効なフレームワークのような気がします。

しかし、はたしてそれは本当でしょうか。

実際、私はコンサルティングの現場でさまざまなプレゼンや商談の現場に立ち会ってきました。また、大学での学生指導や研修先でのリーダー育成も行っています。そんな私が、このビジネスフレームワークがはたして現実的に実行可能かと問われると、疑問符をつけずにはいられません。

たしかに、セミナーや研修など、ある程度の事前準備を行う時間があれば、私たちは5W1Hのシートを使うなどして、スペースを埋めるように話す構成や順番を考えることができます。

しかし、実際のビジネスの現場では、5つの要素を一つひとつ考えながら、同時にわかりやすく、理路整然と相手の聞きたい順番で話すことはできません。あまりに手順が多く、また伝えなければならない要素が多いからです。つまり、パズルのピースが多すぎるわけです。

とくに、商談やプレゼンで、クライアントや上司に急に質問をふられたら、どうでしょう。しかし、人の評価というのは、そうしたときにいかに的確な返答ができるかにかかっています。

伝える力はシンプルに伸ばせ

それができてしまうのは事前に入念に準備した人か、一部のすごく頭が良い人だけです。人生一度だけの大勝負のプレゼンであれば別ですが、私を含めて、一般の人がそのような場面で5W1Hのフレームワークを頭に浮かべて、毎回、同じように時間と労力を投下することは不可能です。

冒頭でお話ししたとおりです。脳のスペックには限界があります。それこそ、質問の受け答えを考えるだけでへとへとに疲れてしまうでしょう。

実践で使える伝え方とは、もっとシンプルでなければなりません。そして、シンプルでなければ応用も利かないわけです。

同じような理由で、話す内容を付箋《ふせん》を使ってまとめていく、というのもナンセンスです。そうした作業は再現性が低く、無駄が多いものです。第一、あなたの一番大切な「時間」が奪われてしまいます。

成功している人は知っています。時間こそが人生で最も貴重な財産だと。私は弊社の社員には、時間は命だと教えています。その時間を無駄に消化するぐらいなら、やらないほうがましなぐらいです。

もっと誰にでもできて、シンプルで、かつ時間も生産性も上がる方法でないと意味がない。少なくとも、私はそう考えています。

そのかわりとして、私が実際に活用して、また学生や研修先の社員の方々におすすめしているのが13字に要約して話を構成し、２つの伝え方の〝型〟でスラスラと組み立てていくテクニックです。

優秀な経営者が必ず実践している「短く話すテクニック」

人は要約力がある人を「頭がいい」と感じて、尊敬します。

「つまり、君の言いたいことは＊＊＊＊＊だね」
「この戦略は、結論から言うと、＊＊＊＊＊＊ですね」

このように、瞬時に話を簡潔にまとめてしまう人を、スマートで、仕事ができる人と感じてしまうのです。それは、「要約して短くコンパクトにまとめられる＝頭の中がすっきりと整理されている」と判断するからです。

優秀な経営者には、聞いていくそばから部下の話を要約して、「つまりは、こういうことか」と話をまとめることができてしまうタイプが多いようです。

実際、自分の話をコンパクトに要約したり、相手の話を聞いてすぐに結論をまとめたりするのは、仕事ができる部類に入る一部の人間にしかできません。

少なくとも、あなたはそう感じてきたはずです。だからこそ、

「きっと最初から地頭《じあたま》がいいんだ」

「ロジカルシンキングやクリティカルシンキングができないとだめだ」

あるいは、「ＭＢＡで特別な訓練を積んできたに違いない」とあきらめてしまいがちです。


しかし、意外や意外、彼らは決して頭が良いわけではありません。

もちろん、特別な大学や機関で、特別な訓練を受けているわけでもありません。

私のようにＭＢＡを取得していても、説明がわかりにくかったり、伝え方が下手な人はたくさんいます。私も最初は、クライアントに「話の趣旨が全然わからない」と叱られていたぐらいですから。


一方で、たとえば優秀な経営者など、すごく話がわかりやすい。すとんと意味が理解できてしまう。それはなぜでしょう。そして、あなたとの差はなんでしょうか。

この答えは、実はそれほど難しくありません。

最初から話す内容を絞って、シンプルな構成で伝えているだけ。それだけです。

冒頭でお話ししたとおりです。多くを伝えても9割の話は伝わっていません。であれば、ムダな内容を削ぎ落として、簡潔に伝えた方が自分もラクだし相手もラクだと知っているわけです。

【コラム②】テレビ業界で学んだ要約の力

テレビは一瞬一瞬が勝負です。

「はじめに」でも話したとおり、私はコンサルティング会社を経営しています。と同時に、作家や脚本家として、テレビ番組の脚本も手がけてきたという、ちょっと変わった経歴を持っています。

仕事は主にはニュース番組や報道番組のナレーションや台本づくりです。たとえば、みなさんが親しみのある朝の情報番組。こうした番組では、各ニュースにナレーション原稿が用意されています。それを考え、難しいニュースでもきちんと視聴者に伝わるように情報を整理して、内容を考えるのが私の仕事です。

もちろん、池上彰さんの番組にもブレーンとして作家は必ずついています。

こうした番組では、「いかに短い時間でインパクトを残せるか」が問われます。長く説明すれば、どうしても編集でカットされてしまいます。生放送であれば、さらに目も当てられません。現場の進行をつかさどるスタジオディレクターと呼ばれる担当者に、話の途中であっても遮《さえぎ》られてしまいます。

そのため一流のMCはもちろん、専門家として登場したコメンテーターやお笑い芸人でさえ、なるべく短くまとめる技術が問われるわけです。

そして、そうした番組構成をしてきた経験が、私の「伝える力」を磨く原点にもなっています。

たとえば、情報番組やバラエティー番組でも活躍する「こじるり」こと小島瑠璃子さんとは、何度かテレビやイベントでお仕事をご一緒させていただいたことがありました。

彼女はMCとしても超一流。コメンテーターとしても引っ張りだこです。

私の予想では、将来はニュース番組の司会をしているかもしれません。

そんな彼女は一見、ただ頭の回転が良くて、なんでもそつなくこなす対応力や社交性に目がいきがちです。もちろん、それらのスキルも群を抜いていて、どのような質問にも的確に答える姿はほれぼれするほどです。

しかし、テレビの脚本やナレーションを作成するプロの目線から、テレビで活躍する彼女の姿を見ていると、少し違って見えてきます。

彼女が話しているコメントは、いつも短くテンポが良くて、シンプルなのです。もしよければ、今度気にしながらテレビを見てみてください。

だから、彼女のコメントは頭にポンポン入ってくるわけです。

そして、とても印象深くて忘れないのです。

長いコメントはどうしても編集時にカットされてしまいます。一方で、短くてわかりやすい彼女のコメントは使いやすく、テレビのディレクターも思わず編集で使ってしまう。だから、露出が増える。増えるから、さらに活躍の場も広がっていくわけですね。

もちろん、頭の良い小島瑠璃子さんのこと。こうしたコメントの短さは、あえてやっているに違いありません。

マツコ・デラックスは短い言葉で心をつかむ

フジテレビのスタジオ収録で、お見かけしたマツコ・デラックスさん。

冒頭でもお話ししたとおり、マツコさんも意識して短いフレーズをよく使います。

もちろん、長い説明で描写をするときもあります。でも、基本は短いフレーズで会話を構成しています。

とくに、ゲストが一般人の場合、ただでさえ緊張しているところに長い話をすると頭が混乱してしまいます。だから、基本の構成は全部短い。聞いていて私たちもわかりやすく、印象にも残り、飽きないんですね。

まさにマツコ・デラックスさんは短い言葉で視聴者の心を掴む天才です。

【コラム③】言葉で伝わるコミュニケーションはたった7%!?

言葉で伝わるコミュニケーションはたった7%という調査があります。それ以外の93%のコミュニケーションは笑顔、ボディーランゲージ、服装、声の強弱で伝わっているとも言われています。

でも、そうした調査の真偽ははたしてどうでしょうか。

冒頭でもお話ししたとおり、私はノン・バーバルコミュニケーションについても研究しています。そのため、あえてこのような話をすると矛盾して聞こえるかもしれませんが、正直、脳科学の観点からみて私は少し疑問を感じています。

なぜなら、人と人とのコミュニケーションとは、実際には言葉を伝えることがまず大前提にあるからです。

言葉が先にあるから、服装や笑顔というものが、より補完されて相手のイメージが強化されていくわけです。

そもそも無言で無口な人がいくら素敵な服を着ていても、格好ばかりで不愛想な人だ、となりますよね。言葉があって、はじめてイメージがついてくる。このように解釈することが、言語野が発達した我々ヒトの脳を科学的に考えた場合、一番正しいわけですね。

こうした意味では、意見や言葉を交わすことは、お互いの理解を深めていく、ということにもつながります。

特に、これから国際社会では、自分の意見をシンプルにわかりやすく伝えられなければ、その場に存在しない人と同じになってしまいます。

第4章

相手に１回で伝わる「伝え方」の3原則

「伝わる」は3原則を押さえているから

具体的に相手に「伝わる」話し方とはどのようなものなのでしょうか。それも、たった1回でこちらの真意が伝わる方法とは。

私は雄弁であったり、声が大きかったりすることとはまったく違うと考えています。

相手に正しく「伝わる」ためには、まず次の3つの原理原則を押さえておく必要があります。

①短く伝える
②構造を意識して伝える
③相手が求める話だけ伝える

私がキャリアの中で見てきた、相手の理解を促進する優秀な伝え方ができる人は、みなこの3つの原理原則を実践していました。

原則①「短く」伝える

長い説明、長いメール、とても一度で覚えきれないほどの大量の指示の内容……。メモを取る暇もないほどの情報量に、途中でペンを動かすことさえあきらめてしまう。

そのような状態で相手の行動や成果を期待することは難しいものです。

自分が受け手側のときは、誰でも「明らかに自分のキャパを超えている」とわかるはずです。

にもかかわらず、自分が情報を伝える側になった途端、「伝えなければならない」という気持ちが強くなり、相手が理解していないのではないかという焦りから、情報を詰め込み過ぎてしまいます。その結果、話が長くなってしまう人が多いのです。

しかし、脳のワーキングメモリはそれほど大きくありません。新しい情報が加わる度に、古い情報は書き換えられたり、頭の記憶の奥底へと追いやられてしまいます。

図表3　伝え方が長くなってしまう2つの原因

❶自分の持っている情報をすべて発信しようとする

➡幹だけでなく、枝葉の情報まで伝えようとしている

❷話す内容が自分の頭の中で整理されていない

➡実はこれが原因であることが多い

かといって、生まれながらの天才でもない限り、ワーキングメモリはそう簡単には増やせません。

このように、あなたの伝え方が長くなってしまう原因は、主に2つあります（図表3）。

1つは、自分の持っている情報をすべて発信しようとするから。話の幹だけでなく、枝葉の情報までを伝えようとしてしまい、結果的に内容に余計な情報が多くなってしまうわけです。

そして2つ目は、実はこちらのほうが多いのですが、そもそも話す内容が自分の頭の中で整理できていないパターンです。

大切なのは「今、何を伝えるべきか」。そのために本当に伝えなければならないメッセージを中心に、伝える情報の優先順位を決めること。いらない枝葉はばっさり切り落とすこと。伝える前に、伝える側のあなたが「情報の整理」をすること。この3つに気をつけるようにしてください。

たとえば、前章で少しご説明した道案内のシーン。あなたが初めて出張に行った土地で目的地にたどり着けず、親切な人に道を聞いたとします。そのとき、このように説明されたらどうでしょう。

【例 道を尋ねたら】

「この道をまっすぐ行って、3つ目の信号を右に曲がってください。そこには、ほらね、あそこにコンビニがあるのがわかると思います。そして、そこからまっすぐ行って、そうですね、200メートルぐらい歩きますね、2つ目の信号を過ぎて、その道ではほかの路地も全部無視してください、その先に小さな薬局があるので、青い看板のです、そこを左に曲がって歩くと、目の前は大きな小学校になっていますので、その前にあるのが目的地です」

このように口頭で説明されて、メモも渡されずに、目的地にたどり着く自信はありますか？　説明は丁寧にするから伝わるというのは間違いです。

一方で、このように説明されたらどうでしょう。

「3つ目の信号を右に曲がると、コンビニがあります。その角が青い看板の薬局です。目的地は、その薬局を左に曲がった先。大きな小学校の前です」

こう説明されたら、目的地に着く可能性は格段に上がるはずです。

私の経営するコンサルティング会社では、私も社員も常にマルチタスクのため、脳はオーバードライブ状態です。多くのプロジェクトが同時進行で動いているため、少しでも脳の負担は減らしたい。

そのため、私はメンバーと会話するときには極力、このようにシンプルに要点だけをまとめて話します。

本当に必要な言葉だけでコミュニケーションをしていくようなイメージです。

逆に、社員が私に報告するときも、同じように短く話すことを求めます。コンサルタントは成長し続けなければ、クライアントの期待を超えることはできません。それはつまり、常に頭を整理する思考の訓練にもなります。

耳も目も脳の一部

逆に長く伝えようした場合は、もう一度報告に来るように部下を諭します。相手の時間も、私の時間も、無限ではないからです。

1文字の無駄も許さない。厳しいようですが、それぐらい私は自分の会社の社員には、「伝える」ことを重要視させているわけです。

人は耳だけで話を聞いているわけではありません。全部を目で見ているというのも違います。正確には耳も目も脳の一部だからです。

脳の構造を詳しく説明すると、耳は脳から突き出した機関の一部です。もともとは一つだったものが進化の過程で突出して、両耳となりました。つまり、耳は脳の一部分なわけです。

そのため、人は耳で聞いたり、目で見た言葉や文字の情報を、頭の中でまず処理して、イメージに変換して行動しています。

簡単な日常会話ではあまり実感しないかもしれませんが、仕事でちょっと難しい話をしている場面を想像してみてください。

あなたが話しているとき、相手、つまり聞き手が黙って右の頭上を見上げるか、目を閉じて考え込んでいる姿が浮かび上がってきませんか?

それこそが、耳で捉えた情報を、頭の中でイメージに変換している瞬間です。

このように、ヒトというのは脳科学的に考えると、まず耳で情報を効率的にキャッチして、それをダイレクトに脳に送り込んで、言語野で言葉という記号をイメージに変えて、シミュレーションや行動をしているわけです。

文字や口頭で伝えられた情報を、頭の中でイメージに変換する。

このプロセスで誤変換が生じてしまうと、そもそもあなたの言葉を正確に捉えることができません。脳のキャパシティーを無駄に浪費させたり、コミュニケーションのミスの原因にもなります。

では、そうしたミスを回避するためにどうすればいいのか。そう、あなたならもうおわかりですね。最初から必要最低限の、少ない言葉で伝えればいいのです。

原則②「構造」を意識して伝える

構造を意識していないと、相手が聞きたい順番ではなく、自分が話したい順番で好き勝手に伝えてしまいますよね。

たとえば、上司と部下のこのようなケースです。

【例1　例の商談日決まったの？】

「昨日のあの件、商談日はもう決まったの？」

「はい。最初に田中さんに連絡して、そのあとマーケティング担当の鈴木さんに相談したんですけど、そこでクライアントさんからご意見をいただいて日程を調整していたら、今度はシステム開発部の吉田マネージャーさんから納期について意見をもらいまして……。だから商談の日程は、まだ決まってないんです」


実際、このように答えてしまうと、まったく意味が伝わりませんよね。

原因は伝え方の構造にあります。物事を時系列で話してしまい、結論や大切な部分が最後に来ています。


しかし、ここで大切なのは時系列ではありません。部下への質問は「商談日は決まったのか？」です。

すると「システム開発部との調整により、商談日はまだ決まっていない」となります。

このように、相手の質問の答えを真っ先に用意して、最初に持ってくる。これを結論フアーストの伝え方といいます。

誰も教えてくれない結論ファーストで最も大切なこと

ただ、ここで大切なことが1つだけあります。

結論を先に、と言われると、ついあわてて自分なりの結論を頭の中で考えて、勝手に話の冒頭に持ってきてしまう人がいます。

しかし、ここでいう結論とは、聞き手が聞きたい順番になっていなければなりません。

たとえば、あなたの質問が「商談日はどうなった？」であれば、「商談日は決まっていません。なぜならば……」となりますよね。

一方で、次のケースはどうでしょう。

【例2　例の商談日決まったの？】

「昨日のあの件、商談日がまだ決まっていない理由はなに？」

この場合は、

「開発部との調整のためです。その理由は……」となります。

では、次の場合はどうなるでしょう。少し考えてみてください。

【例3　例の商談日決まったの？】

「昨日のあの件、商談日を決めるためにどうすればいい？」

色々な結論の答えが考えられますよね。いいんですよ。頭の中でまず整理する。そのあとでアウトプットする訓練なのですから。

さて、私が上司に進言するのであれば、こう答えます。

「田中さん、マーケティング担当の鈴木さん、システム部の吉田マネージャーの意見を調整すべきです。なぜならば……」

図表4　結論と要因のピラミッド

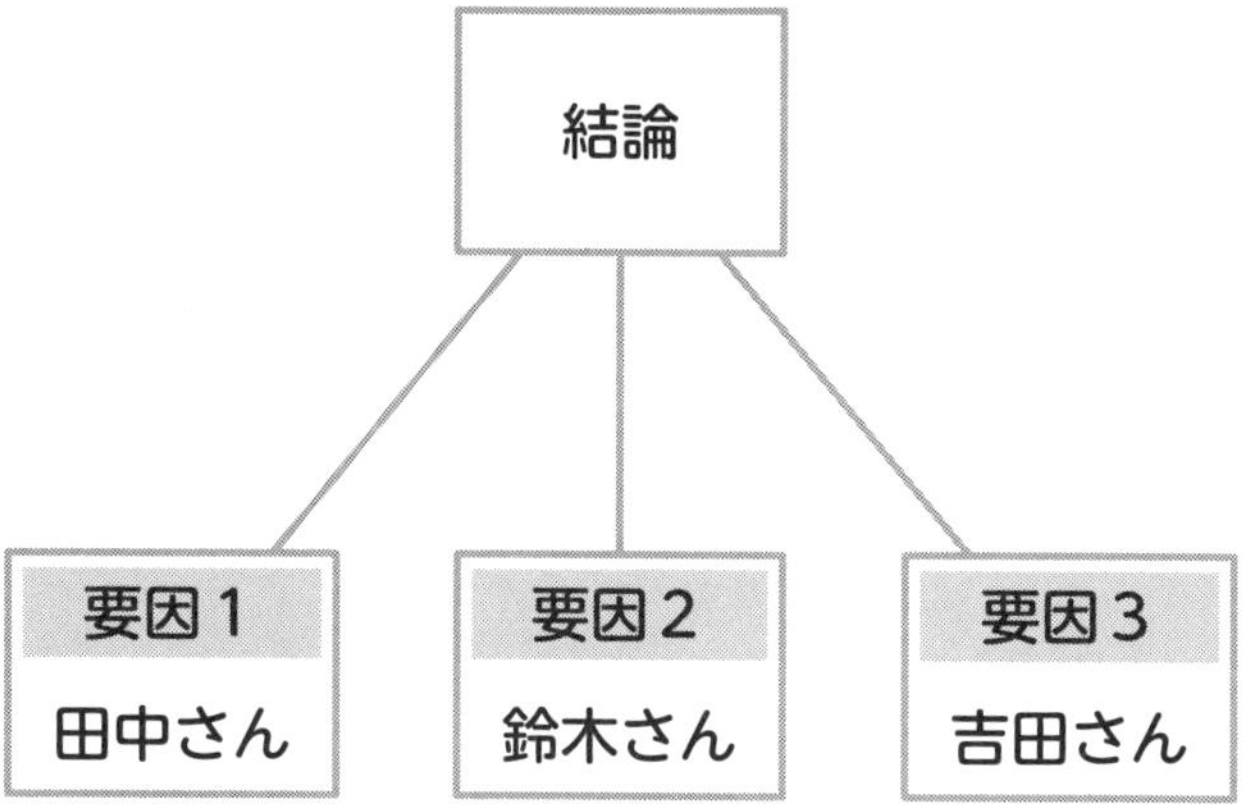

もちろん、あくまでケーススタディーですので、それぞれの部署ごとの理由などは考慮されていません。

ただ、「どうすればいい？」という上司からの質問に対して、あなたが一方的にシステム開発部だけを悪者にするのは、結論としては正しくありません。

目的は、商談日を決めるためにどうすれば良いか、を考えることです。そして、考えた答えを結論ファーストとして最初に持ってくる。図にすると図表4のようになります。このようなイラストのイメージが、短い言葉で頭の中に浮かんできたら、あなたの脳がすっきりと整理されている証拠です。

ここでは、あくまで三者にたずねた結果、

「それぞれに調整が必要である」という結論が正しいのではないでしょうか。


一般的な話し方、伝え方の本には、こうした大切な部分が書かれていません。

大切なのは、質問する側の意図を理解して、結論を用意すること。

伝え方が上手な人は時系列でなく、このように相手の聞きたい順番に合わせて、理解しやすい構造で話しています。

これが、本当に正しい結論ファーストです。

それは、脳が時系列よりも、話の構造で理解しているからでもあります。

原則③ 相手が求める話をする

「ん？ この話、なんだっけ？」「よくわからなくなったな」というシーン、結構よくありませんか。

一生懸命に相手は伝えようとしてくれている。それはよくわかります。

しかし、説明が全然頭に入ってこないのです。

こうした場合、よくよく相手の話を深掘りして聞くと、2つ、3つ、質問の意図とは違う話が混ざっていることがあります。しかも、内容の重要度や優先度も異なる話が、何度も繰り返して出てきては、混ざりあっています。

これでは、話を聞いていても理解できるはずがありません。弊社のようなコンサルティング会社の例で言えば、たとえばこのようなケースです。

【例】

リフォーム会社のA社は30年続く会社です。これまでは販売代理店を通じた売上だけで年商10億円がありました。しかし、最近はネット仲介業者が乱立して、また新しいベンチャー企業もこぞって仲介業者をはさまずに、ネットで注文の受諾をするようになりました。

そこで、A社の社長は新しくネット事業部を設立。従来どおりの仲介業者を介して施工するメイン商流と、ネットだけで住宅リフォームとオフィスリフォームの2つのサービスを販売する新商流を用意して競合と戦っていくことにしました。

上司「ネット販売の売上が下がっている?」

こう聞かれたとき、「はい。ネットの販売は先月比で20％下がっています」と答えればそれですみます。

補足の説明は相手のさらなる質問を待ったり、「理由ですが〜」とみずから補足情報だと示す必要があります。

しかし、よくあるのがこのパターンです。

上司「ネット販売の売上が下がっている？」

部下「ネット経由の住宅リフォームは残念ながら大きく下がってきているのですが、メインの東京都内の営業部も同じように下がっています。神奈川や千葉などの主要営業所も下がってきているようです。

一方で、逆に先月比で売上が最も伸びているのは我々ネットのオフィスリフォームだけです。東京と神奈川はネット経由で代理店販売そのものが増えていると聞いていますから」

いかがでしょうか。

あなたなら、こう思うはずです。「あれ、自分がした質問は、そもそもなんだっけ？」と。それぐらいあなたの質問と部下の答えにはズレがあり、頭が混乱してしまいます。

「私は大丈夫だよ」と思うかもしれません。

しかし、案外、誰でもやってしまう失敗です。とくに自分の順番だと勢いこんだり、会議などでプレッシャーが大きい場面ほど、このような話し方をしてしまう人が多いようです。

相手が求める話だけをする。これを意識するだけで、相手の理解は倍増すると覚えておきましょう。もちろん、それはあなたの評価にもつながります。

3つを押さえるだけで話し方は劇的に変わる

この章では、あなたの伝え方を一瞬で向上させる3つの原理原則についてご紹介しました。

先ほど紹介した3つ。

①短く伝える
②構造を意識して伝える
③相手が求める話だけ伝える

すべての伝達ミスや誤解は、発信側の改善でなくなることがほとんどです。

情報伝達のミスや、コミュニケーションの誤解も、

◎そもそもあなたの話が長いことで起こります。
◎話す側の人が情報を「構造化」できていないために起こります。
◎幹も枝葉も一緒に伝えてしまうことで起こります。

論理的に話をする。これは世界共通のビジネスルールです。

私が学んでいたビジネススクールでは、日本人や欧米人はもちろん、中国、韓国、台湾、シンガポールやベトナムなど、世界中から学生たちが集まって一緒に学んでいました。そこでの授業はもちろん英語です。

しかし、いくら英語がうまくても、理路整然と、相手の聞きたい順番で、論理的に話ができなければビジネス上のコミュニケーションは成立しません。

英語が流暢なのと、相手が聞きたい話を英語で伝えるのとでは、まったく価値が違います。正直、相手の求める内容を話せれば、英語は流暢である必要はありません。

英語でも「伝える」と「伝わる」の基本は同じ

流暢でぺらぺらでなければいけない。そう思っているのは、日本人ぐらいなものです。

しかし、相手が評価するのは、あなたの伝える内容と、話す順番だけです。英会話スクールのように、いつまでも待ってはくれません。英会話スクールの教師が、気長にあなたが話す結論を待ってくれるのは、あなたが大金を支払ったお客様だからです。

つい先日、とあるドキュメンタリー番組で、和紙でできたコップやお皿を海外に販売する日本の会社の悪戦苦闘ぶりを放映していました。

その中で、海外担当の営業マンが海外のバイヤーに説明するシーンがありました。がんばって用意してきたのでしょう。営業マンは汗を拭きながら、懸命に日本和紙の素晴らしさから話しはじめます。

しかし、開始早々、腕を組んだ女性の責任者にこう言われてしまいます。

「みな忙しいのです。前置きはいいから、本題に進んでもらえませんか?」

短く組み立てるから、結論を早く導き出せる

13字アウトプットは、どのような言語にも通用すると私は思っています。

それは日本人同士の日本語での会話でも同じです。

「昨日の件、どうなったの?」と聞かれたら、「決まっていません。なぜならば……」と結論からすぐに話すだけで、あなたの「伝わり方」も「印象」も格段に変わります。

図表5 「結論ファースト」の導き方

それを本書では「13字アウトプットの結論ファースト」と呼んでいます。

ロジカルシンキングをいくら学んでも、結論から話すスキルは手に入りません。ビジネスのシーンでは、相手の求める結論はたえず変わっていきます。

短く組み立てられるから、結論を早く導き出せる。

13字で話そうと短いフレーズで頭の中をたえず整理する訓練をするから、結論をすぐに組み立てられる。そう考えると良いと思います。

そのように話すためには、物事を頭の中で「13字」と短く「構造化」し「相手の求めることだけにフォーカス」して話すことがとても重要なのです（図表5）。

ロジカルシンキングだけでは、「結論ファースト」は身につきません。

ワーキングメモリの話をしましたね。13字で言葉を短くするから、頭の中がすぐに答えを導き出し、相手が求める質問に合わせて結論を見つけ出せるのです。

【コラム④】13字で話す秘訣は料理のレシピとまったく同じ

よく質問されるのですが、13字で話すコツというのはあります。

考え過ぎないことです。

本書で紹介した型にはめていく。パターンに当てはめていく。このようにシンプルに考えることです。

スキルというのはそもそも、スポーツでもビジネスでも、トレーニングすることによって身につくものでなければ、それは「スキル」とは言えません。でなければ、ただの運や直感になってしまいます。

13字で伝えようとした場合には、考え過ぎるのでなく、頭の中で箇条書きにして、それを型やパターンに落とし込もうと考えるわけです。まさに料理の手順と同じです。手際よく美味しい料理ができる人は、初めからメニューを見たときに、どういう手順で、どのように下ごしらえをするかをまず考えます。

私の友人でも、すごい料理好きがいるのですが、「どのような料理だろう」とは言いません。「どういう手順なんだろう」と言います。

つまり最初から、どういう型で行われているのか、と考えているわけですね。

第5章

13字で伝える技術

13字アウトプットのルールは3つだけ

ここからは、いよいよ13字で伝え方を組み立てる内容に入ってきます。ただし、ルールは3つだけです。

①「要点」を「箇条書き」で話す
②「箇条書き」を「わかりやすい順番」で話す
③「結論ファースト」で話す

いかがですか。ここまでで、すでに基本的な考え方は説明済みです。

13字アウトプットのスキルとはつまり、そうした基本的なルールや伝え方の原理原則の応用でしかないのです。

あとは実践的な活用方法を覚えていくだけ。事例を交えながら、一つずつマスターしていきましょう。

「箇条書き」こそがロジカルな表現

13字でどう話すのか。

まず、ここが解決されなければ前には進みませんよね。

その解決策はシンプルです。言葉をすべて「箇条書き」で考えればいいのです。

ちなみに、みなさんは箇条書きとはどういったものを思い浮かべますか。

手元の電子辞書を引くと、箇条書きの意味はこう書かれています。

「内容を表現する際に、事柄を項目別に書き並べて表現したもの。あるいは、箇条書きに書かれたもの」

たとえば、以下のような文があったとします。

私の最近の趣味はたくさんあります。まず家族と旅行に行くこと、それから習字と英会話と。それ以外に、仕事も趣味と考えていて、これをがんばることも目標です。

これを箇条書きにするとどうなるでしょうか。

表現の統一など細かいニュアンスを置いて、まず箇条書きにすることだけに集中すれば、おそらく中学生でもできるでしょう。

■私の趣味は以下です。

・家族旅行に行くこと
・習字と英会話を習うこと
・仕事に情熱を傾けること

これを、今度は相手に伝えてみてください。いかがでしょうか。

伝え方もそうですが、頭の中がすっと整理されていくのを感じませんでしたか。

図表6　ビジネスコミュニケーションの基本

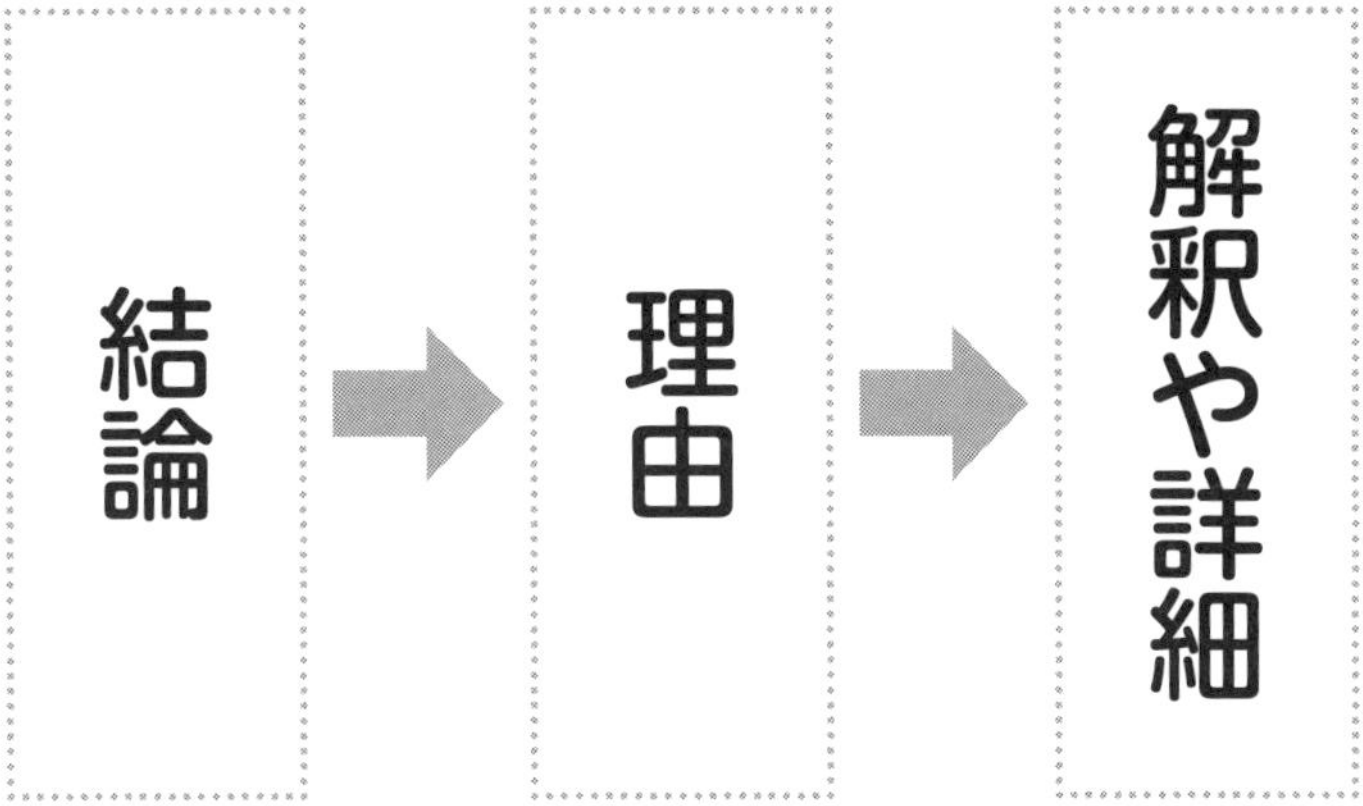

そうです。これが短いフレーズで伝えるパワーです。そして、この箇条書きの一つひとつを13字でアウトプットしていくわけです。もちろん、すべての会話を箇条書きにするわけではありません。

ビジネスも会話も選択と集中です。枝葉はばっさりそぎ落とし、幹の部分だけにフォーカスします。

たとえば、ビジネスでも、プレゼンやロジカルシンキングでも、コミュニケーションの基本は「結論→理由→解釈や詳細」が鉄則です（図表6）。

ここではビジネスやコミュニケーションの

根幹となる結論と理由の2つだけを箇条書きにすることを考えます。

頭の中を「つまり結論は?」「その理由は?」と整理しながら、箇条書きで言葉をつくるイメージです。

それだけで、格段に会話はわかりやすく、シンプルで、かつ効率的になります。図にすると、前ページの図表6を「結論」をトップに、「理由」「解釈・詳細」の順にピラミッド状にした形になります。

実例を示しましょう。次の文章を読んでください。

【例　スポーツジムの対策】

上半期のスポーツ会員の増減について報告します。

東京渋谷店の来客者数は3月から減少傾向が続いています。これは、3月からの大雨が原因と考えられます。会員増が半分にまで落ち込んでいます。早急な会員を増やすための対応が必要です。そのために、毎月実施している街頭でのチラシ配布を、スタッフ総出で通常の3倍行いました。その結果、徐々に会員登録数は回復して、4月から調査を開始したところによると、4月に昨年比70％減だった会員数の伸び率が、たった1カ月で160％にまで増えました。なかでも最も件数が伸びたのが、渋谷店、新宿店、青山店でした。そこで、ほかの会員数が伸び悩んでいる都内エリアの店舗も、まずは駅前等でのチラシ配布の改善を行うべきだと考えています。

いかがでしょうか。うーん、たしかに立派なプレゼンですが、はたしてなんら予備知識のない人がすぐに意味が理解できるかどうか。

私がはじめてコンサルタントとして役員会などに参加していたら、手元の資料を二度読んで、ようやく理解できる範囲です。

こうしたときは、わかったふりをしないほうがいいでしょう。理解できないあなたが悪いわけではありません。伝え方が悪いのです。

冒頭でもお話しした2つの大ルールを思い出してください。

忘れてしまった人のために、もう一度お教えします。大切なルールですから、ぜひとも覚えてくださいね。

◎ルール1「何を伝えるか」より「何が伝わったか」
◎ルール2「受け取りやすさ」を意識した構造か

いかがでしょう。正直、今のままでは理解するのに時間がかかるはずです。

しかし、実際には非常にシンプルなことしか言っていません。箇条書きにすれば一目瞭然です。

【例】

上半期のスポーツ会員の増減について報告します。

東京渋谷店の来客者数は3月から減少傾向が続いています。これは、3月からの大雨が原因と考えられます。会員増が半分にまで落ち込んでいます。早急な会員を増やすための対応が必要です。そのために、毎月実施している街頭でのチラシ配布を、スタッフ総出で通常の3倍行いました。その結果、徐々に会員登録数は回復して、4月から調査を開始したところによると、4月に昨年比70％減だった会員数の伸び率が、たった1カ月で160％にまで増えました。なかでも最も件数が伸びたのが、先ほどの渋谷店でした。そこで、ほかの会員数が伸び悩んでいる都心部エリアの店舗も、まずは駅前等でのチラシ配布の改善を行うべきだと考えています。

【タイトル】上半期の会員増減について
【結論】会員獲得数の半減
【理由】大雨影響による低下
【解決策】1．エリアチラシ配布、2．対応人員を増やす、3．都内店舗に集中
具体的には、渋谷店でのテスト1カ月の実施で160％の伸びとなりました。これを都内エリア店舗に拡大すると……、

あえて結論、理由、解決（解釈や詳細）のすべてを13字にしました。難しいと感じる方は、慣れるまではフォーカスするのは「結論」と「理由」だけでも大丈夫です。

効果その①頭にメモリースペースができる

このように13字にすると、２つの効果が見られます。まず、あなたの頭の中がすっきりと整理されます。その違いは比較になりません。

ヒトの脳にはメモリという、一時記憶を留める装置のような部分があります。つまり、あなたの頭の中はひとつの大きなキャンパスです。そこへ言葉が箇条書きでインプットされれば、理解が早まるだけでなく、脳そのものの負担も大幅に減ります。

さらに、イメージとして脳が構造や因果関係を理解するスピードが速まります。理解速度が高まるということは、それだけ次のアウトプットや行動が速まるということにもつながります。

あの人は頭の回転が速い。そういう評価を受ける人はたしかにいます。そもそも本当に頭のハード面を比較しても違いがあるとは思いません。

むしろ最初から入れる情報を少なくしておけば、考える時間が少なくなる。そうした公式を使っているにすぎないのです。

効果その②受け答えがしやすくなる

箇条書きにするもう一つのメリット。それは、そのあとの受け答えがしやすい点です。あなたの頭のキャンパスに置かれたこれらの箇条書きのピース。ここまでできてしまえば、あとは相手が求める順番で、結論↓理由↓解釈・詳細の順でわかりやすく伝えることは、それほど難しいことではありません。

ひたすら長く説明しようと思えば誰でもできます。しかし、短く説明するにはコツがいります。

長く説明する人は、頭のキャンパスに無数の文字や文章があふれる。であれば、箇条書きにして要点をまとめればいい。ただそれだけの話です。

もちろん、最初は多少の慣れが必要かもしれません。しかし、このように話す前に頭の中で内容を要約して、箇条書きにまとめることを習慣にすれば、パッと伝えたいことの骨子が一瞬ででき上がるようになります。
なにより、あなたの頭の中がすっきりと整理されます。これだけでも、ミスや判断の遅れが大幅に減るでしょう。

箇条書きでサクサク言葉をまとめる

このとき、それぞれの箇条書きの文字数はできれば「13字」にすることをお薦めします。冒頭でもお伝えしたとおり、人間が一度に知覚できる文字数は13字前後と言われています。

瞬間的に文字と意味を把握することができる文字数であり、これを超えると、意味をつかみ取るのに脳に大量の負荷をかけてしまいます。また、相手にとっても相応のメモリースペースを必要とします。

自分の脳に負荷をかけずに、相手のメモリースペースに十分な余力を与える伝え方。これを追求したのが、13字アウトプットのフレームワークなのです。

そのため、伝える言葉をできるだけ13字以内に収めることを原則にするとよいでしょう。
とはいえ、13字という制限は実際に話してみると、なかなかハードルが高いものです。慣れないうちは、軽くオーバーしてしまいがち。そのため、ここからはあなたの伝える言葉を13字にするコツをいくつかご紹介します。

箇条書きは言葉の最小単位

大前提として、プレゼンでも話し方でも、人を動かすのに最も必要なのは言葉です。その言葉を最小単位にして、シンプルかつ論理的なフレーズにしたのが「箇条書き」だと私は考えます。

私が経営するコンサルティング会社でも、箇条書きで考えるスキルというのは必須です。情報過多な時代だからこそ、情報を長く伝えることに対する価値は、むしろ減っています。あなたの評価につながるばかりか、誤解や伝達ミスを少なくする唯一の手法なわけです。

短く伝えるということは、それだけ情報処理がいらず、伝えたいことをより正確に把握する方法だからです。

料理に置き換えてみればわかります。

レシピ本は、ほとんどの場合、箇条書きで手順が書かれています。短く箇条書きで書かれているから、そのとおりに再現できるわけです。

もし手順が長文で書かれていたらどうでしょうか。料理をしながら、思わず「できるかっ！」とツッコミを入れたくなりませんか。

だから、手順が複雑で難しい料理ほど、シンプルな箇条書きが最適なわけです。

同じように、すべてを13字の箇条書きで表現するから、全体を把握することが可能となり、指示や命令がそのとおりに再現できるわけです。

大切なのは「短い言葉」と「構造」だけ

重要なのは、伝えるべき最重要のポイントだけに絞り、理解しやすい順番と構造で話すこと。

人はあなたの会話の9割は聞いていません。聞いていない上に、無駄な話をすれば、誤解やミスが増えて当然です。

であれば、最初から無駄な枝葉はベテラン庭師になりきって、あなたの頭の中でまず剪《せん》定《てい》してしまいしょう。幹だけで勝負する、それだけで伝え方は磨かれ、相手の印象も大きく変わることでしょう。

不要なひらがな／カタカナはカットする

基本的な考え方を理解したところで、ここからは13字で伝える具体的なテクニックをご紹介します。

第一にカットすべきなのが、ひらがな／カタカナです。

たとえば「〜のための」「〜による」「〜について」といった、ひらがなは不要です。

また、「〜を」などの助詞も省けるものが多いので、日本語としておかしくなければできるだけ取るのがよいでしょう。

具体例を挙げてみましょう。

例文1

✕ 今期採用の営業スタッフの訪問顧客数を増やすための営業戦略について

○ 営業訪問数向上の戦略提案（12文字）

いかがでしょうか。補助語や助詞などのひらがなを減らしても、意味が通じることがご理解いただけると思います。たったこれだけで文字数をかなり減らすことができるのです。

大切なのは、短い説明は、あとからいくらでも長くできるという発想です。

逆に、普段から長く話す人がこのように短く話すことはできません。

そして、長く話すことは、小学生や園児でもできるということです。年頃のお子さんがいらっしゃる方なら、ためしに「今日、幼稚園どうだった?」と聞いてみてください。とめどなく、それこそ10分でも20分でも長く話してくれるでしょう。

でも、短くシャープに、誰にでも理解しやすく話すには、最初からインプットを短くしておくことが必要なのです。

また、そうすることでしか、本当の意味での論理的な話し方や、相手を動かす伝え方もできません。

修飾語もなくていい

さらに伝えるべきポイントを明確にするには、修飾語もなるべくカットするようにしてください。

次の例文で説明しましょう。

例文2

×今月の大きなクレームは大幅に減少しておりおよそ200件である

○今月のクレームは200件減（13字）

このように、「大きな」「大幅に」「およそ」といった修飾語をなくすだけで、伝えたいことの幹がすっきりとします。

もちろん、修飾語が必要になれば、あとからいくらでも加えることが可能です。

主語と述語の構成が一番シンプル

続いては、まず例文から見てみてください。

例文3

✕ 私は〆切りに追われながら、毎日少しずつ、200枚の原稿を書いている

〇 私は原稿を書いている（10文字）

この例文もとてもシンプルです。意味もスッと入ってきます。

これにはコツがあります。「主語⇒述語」の構成になっているからです。

英語も、もっとも基本的でシンプルな文型は第一文型であり、主語と動詞のペアです。

私は歩きます、と表現するのはI walk.。

主語と述語の構成が一番短く、シンプルに伝わります。

相手の質問がなにかによりますが、質問の意図が原稿枚数でない限り、とくに説明する必要はありません。あとで補足として、「その枚数は200です。〆切りは日曜日です」と伝えたほうが意味と動作の関係がすっきりします。

とくに、読者の方々はこうして例文として見ているわけですが、通常は耳だけで全部を暗記しなければなりません。

言葉を耳だけで理解しなければならない相手にとって、シンプルな構成で段階をおって説明してくれたほうが、すんなり頭に入ってくるのではないでしょうか。

加えて、この伝え方のほうが、問題点や課題も発見しやすいのです。そのため、私は上司と部下の報連相は、この主語述語パターンの13字アウトプットをおすすめしています。

たとえば、以下の例文を見てください。

例文4

✕ 私は10月1日の〆切りに追われながら、毎日少しずつ、200枚を目標に原稿を書いています

○ 私は原稿を書いています（11文字）

・目標は200枚です（9文字）
・〆切りは10月1日です（10文字）

このように部下から報告を受けたとしましょう。

当然、読者と違い耳で聞いていますから（みなさんも耳だけで聞いているイメージを共有してください）、上から順番に箇条書きの言葉がおそらく頭の中のキャンパスに描かれていきます。

たとえば、「原稿はいい。それはＯＫ」という具合にです。

けれど、ふと疑問も生まれることもあります。たとえば、「２００枚だったたか？」と。

このとき13字アウトプットでシンプルに説明していれば、

「ちょっと待って、やっていることは間違っていない。ただ、今回のオファーは２００枚で本当に合っているのか？」

と、その場で部下の行動と結果の整合性を質問することができます。

主語述語は完成された文体の上、基本的に一番伝わりやすいと考えて良いでしょう。

ほかにも、たとえば上司に説明する際には、「思われます」「予想しています」「見込まれます」などの言葉をにごす文末はカットします。あるいは、「そのように感じています」「そのように書かれていました」という間接的な要素も、あとから箇条書きにして短く補足したほうがいいでしょう。

伝えるときは、「要点だけを絞って伝える」ことに徹すればよいのです。

メールや報告書も主語と述語で書く

これは、書き言葉でも同じです。

伝え方で大切なのは、主語と述語をくっつけて箇条書きにすることです。

仕事を進めるためには、言葉でのコミュニケーションが必要ですが、ときには相手に伝わる文章も書けないといけません。

そのとき一文が長いとよく意味がわかりません。主語と述語をしっかりと明確にして、簡潔に書くということが非常に大事になります。

とくに、報連相の場合は、主語と述語を明確にして伝えるようにしましょう。また、結論を真っ先に書くということも大事です。よくあるのが、メールの目的がわからない、文章がいろんな意味に解釈できる、どうしてほしいか結論が曖昧である、というパターンです。これ、本当によくあります。

そうならないためにも、「主語・述語で書く」「結論から書く」「箇条書きで書く」ということが非常に大事になります。

■わかりやすい文章やメール文

・主語・述語で書く
・結論から書く
・箇条書きで書く

また、どうしても不慣れなうちは、話し方を改善するため、主語と述語を短くした箇条書きで話すようにしましょう。

伝え方や指示の仕方が曖昧だと、対応する周囲の同僚や、あなたの指示を受ける部下の対応も遅れてしまいます。であれば、先ほどの３つのポイントを、①主語・述語で話す、②結論から話す、③箇条書きで話す、に置き換えて、それぞれのケースで応用しながら対応すればいいのです。

そうすることで、「段取りが悪くスピードが遅い」「目的とゴールの詰めが甘い」「細かいところを間違える」といったあなたの評価を落とすようなミスも防げます。

13字で伝えたい内容は分解していい

もちろん、無理やり13字以内にして、逆に意味不明になっては意味がありません。

あくまでわかりやすく、シンプルに伝えるために「13字を目指す」という認識で大丈夫です。

それだけでも、これまでの伝え方とは次元が変わります。

進化を遂げる、というニュアンスのほうが近いかもしれません。新しく脳のインプット

↓アウトプットの仕組みを書き換えるわけです。

ライバルや同僚がまだ試したこともない、思いもよらない、まったく新しい脳の仕組みをインストールするようなイメージです。

これにより、頭の中での思考速度も格段にアップします。これまで13字アウトプットを実践していなかったビジネスパーソンであれば、大げさではなくそれこそ20倍ぐらいの変化を感じるのではないでしょうか。

これまで軽自動車に乗っていた方が、いきなり10気筒のスポーツカーを手に入れて、ぐんぐん加速してライバルを追い越していく風景が目に浮かびます。


ただ、どうしても13字にこだわると表現しきれないケースもでてきます。そのため、どうしても文字数にこだわりたい人は、内容を因数分解して伝えるようにしてください。

そうすることで伝わるレベルを落とさずに、言葉を短くすることができます。


先ほどの事例と同じです。

【例文】
私は〆切りに追われながら、毎日少しずつ、200枚を目標に原稿を書いています
・私は原稿を書いている（10文字）
・目標は200枚です（9文字）
・〆切りは10月1日です（10文字）

これは、伝えるレベルを落とさず、箇条書きにして文字数をおさえたパターンと言えます。13字の思考力やアウトプット力もそのままです。

続いて、こちらの具体例も見てみましょう。

【例文】
新事業の展開についてですが、今度、我々子育てママ向けの配達サービスは、日本で初めて大手コンビニチェーンS社と提携することになりました。とてもインパクトがあるわけですが、状況次第では新事業のリリースをベストなタイミングでメディア

に提供することになります。時期を夏前にすることになりそうです。

これを伝えるレベルを落とさずに、因数分解をしてみましょう。いかがでしょうか。簡単ですよね。

【例文】

新事業の展開についてですが、今度、我々子育てママ向けの配達サービスは、日本で初めて大手コンビニチェーンS社と提携することになりました。とてもインパクトがあるわけですが、状況次第では新事業のリリースをベストなタイミングでメディアに提供することになります。時期を夏前にすることになりそうです。

■配達サービスの事業展開について
＊コンビニS社と提携します（12文字）
＊日本初の試みです（8文字）
＊リリースは夏前になります（12文字）

なお、今後の戦略の詳細についてですが、今回のプレスリリース作成を各戦略事業部が共同で行うことになっています。その目的は……

いかがでしょうか。

まるで緊急役員会議に呼ばれた経営企画室のリーダーか、敏腕コンサルタントが経営の上層部相手にプレゼンしている風景が連想できませんか。

しかし、実際にやっている内容は、複数の事案を頭の中でシンプルにまとめて、13文字アウトプットを駆使しているにすぎません。

それを相手の聞きたい順番で、因数分解して伝えているだけです。そこに、特別な訓練も、豊富な海外駐在経験も必要ありません。

シンプル、かつ論理的な伝え方で「仕事ができる」と評価されている人が、陰でこっそりやっていることのネタ明かしです。

答えを先に見てしまえば、なーんだと、意外にと思えてしまうものです。と同時に、これを実践することで手に入る評価、出世、年収などを想像するとワクワクしてきませんか。

もちろん、リリースをプレスリリースと表現すれば13字を超えます。コンビニも同じです。大手のコンビニチェーンと言葉を加えたほうがスムーズかもしれません。

ただ、これは文字数当てやクロスワードゲームではありません。

いかにあなたの頭の中が整理されて、的確にわかりやすく、瞬時に相手に伝えることができるようになるかが重要なのです。


話す言葉も内容も、すべてはあなたの頭の中で処理されます。伝えるとは、それを相手の脳に移植する作業でしたね。

であれば、わかりやすく伝える方法はシンプルです。あなたの頭の中で、このような箇条書きのメッセージと構成が浮かび上がってくればいいわけです。そのための訓練をしています。

それだけで、あなたのアウトプットは相手に伝わりやすくなります。同時に、評価や成果につなげることができるようになります。

なぜなら、あなたの頭の中がシンプルに整理されているからです。

脳が処理しやすければ、それだけ次の展開を予測したり、新しい打ち手を考えたりする余力ができます。

シンプルかつ論理的に話すための13字アウトプットとは、ひいてはビジネスにおいてのすべてのスピードをも味方につけることになります。

接続詞の考え方

この章の最後に、接続詞の使い方についてもご説明しましょう。

実際の説明やプレゼンの会話では、接続詞も大切になります。なかでも、13字アウトプットでは4種類の接続詞をとくに重要視しています。

これらを駆使すれば、意識しなくても13字アウトプットで次のような文を瞬時に作れるようになります。


【具体例】

新事業の今後の展開についてですが、今度、我々子育てママ向けの配達サービスは、日本で初めて大手コンビニチェーンS社と提携することになりました。とてもインパクトがあるわけですが、状況次第では新事業のリリースをベストなタイミングでメディアに提供することになります。時期を夏前にすることになりそうです。調整は各事業部中心となって行っていますが、弊社と提携先、双方からリリースを発表するのがよいと考えます。

新事業の展開についてです
＊大手コンビニチェーンと提携（13字）
＊リリースは夏前になりそう（12字）
＊各事業部が調整を開始（10字）

・なお（並列）補足ですが、リリースは双方から出すほうが良いと思います。その方法については〜
・なぜならば（理由）、夏のこの時期は毎年、メディアが夏の特集ネタを探しています。そこに向けて〜
・たとえば（例示）、かき氷は毎年人気がありますので、人気のかき氷特集をする

のが〜
・しかし（逆接）、懸念点がありまして、ライバル企業も似たような商品をリリースすることがわかりました〜

このように、結論、理由の最後は補足情報になります。未確定や曖昧な情報や個人的な見解は、なるべくまとめて最後にもってきたほうがいいでしょう。

この際に、結論や理由について述べた13字アウトプットと明確に区別するために接続詞を活用します。

これだけであなたの伝え方はより洗練され、常にクリティカルに物事を考え発言するベテランコンサルタントとほとんど遜色《そんしょく》ないものになるでしょう。

そして、ここで活用する接続詞が先に紹介した「並列」「理由」「例示」「逆接」の４つになります。

接続詞は4種類を使い分ける

13字アウトプットでは、結論と理由のあとに、あなたの解釈や詳細を伝えるために接続詞を用いると良いと考えます。

仕事ができる人であれば、「ああ、この人は結論・理由と、あなたの個人的な解釈とを、しっかりと区別できているのだな」とわかります。つまり、伝え方だけでなく、頭がしっかりと整理された人だという評価を得られます。

左記に使いやすい接続詞を簡単にまとめました。この表を参考に日々の実践の中で活用してみてください。

◎並列

結論と理由と並立して、そのあとにあなたの解釈をつなげる働きをします。

「また」「なお」「補足ですが」「余談ですが」

◎理由

結論や理由を受けて、より詳しくあなたの解釈を説明する場合に使います。

「なぜなら」「たとえば」「つまりは」「理由としては」

◎例示

結論や理由を補完するかたちで、具体例を挙げたり、事例を紹介するのに使います。

「たとえば」「具体例を挙げますと」「事例をいくつか紹介すると」

◎逆接

結論や理由を捉えて、その内容に警告を与えたり否定したりするために使います。

「しかし」「一方で」「だが」「懸念点としては」「いくつか問題もありまして」

第6章

「話す順番」を意識するだけで論理的な思考になる

頭がいい人の話し方を真似するのは難しくない

ここまで、13字アウトプットをビジネスやコミュニケーションでマスターする方法をひととおり学んできました。

まとめると、次のようになります。

①「要点」を「箇条書き」で話す
②「箇条書き」を「わかりやすい順番」で話す
③「結論ファースト」で話す

「要点」を13字以内で「箇条書き」でまとめる技術としては、

④不要なひらがな／カタカナはカットする

⑤よけいな修飾語を省く
⑥主語と述語のペアで構成する

ということをすでに読者のみなさんは知っています。

また、「箇条書きでわかりやすい順番」で伝えるテクニックとしては、

⑦結論→理由→解釈と説明の順番に組み立てること
⑧長い文章は因数分解していい
⑨4つの接続詞で伝える内容を上手に整理する

ということも学んでいます。

こうしてみても、この本を読むことですでに多くの人が伝える技術、高度に論理的に話すテクニックをマスターしています。

どれも私が実際にコンサルティングの現場や、経営者として商談する際、あるいは部下に事業等の指示を明確に行うときに活用している内容ばかりです。

どのような知識も、現場で使えなければ、それはゼロプットと同じであり、自己投資にすらなりません。

そうした意味では、前章までで学んだ9つのステップは、どれも自己投資として今日からすぐに、営業や商談、あるいは上司と部下とのコミュニケーションで使えるものばかりです。

このコツを覚えるだけで、現役コンサルタントや大手商社の一流ビジネスエリートと同じような、理路整然とした伝え方や、論理的な話し方ができるようになります。

しかし、やっていることは、すごくシンプルです。

さらに、このように「13字」が徹底されると、伝わるパワーとスピードが上がるだけではなく、そのあとの行動喚起もスピーディーになります。

実際に、弊社のコンサルタントは入社してすぐに、13字アウトプットで短く話すテクニックをマスターさせられます。

話を伝えるときや、報連相のためだけではありません。

たとえば、私の会社では全社員が毎日、日報をメールで全社に送ります。出勤日は毎日です。1日も欠かすことは許されません。

その内容も13字アウトプットを基本としています。長い文章は無駄ですし、読むのに時間がかかります。

基本的に社員はその日の出来事よりも、未来進行形で「今日の反省を明日どのように活かすか」だけを考えて書かせています。これも、箇条書きです。

箇条書きであれば、アウトプットそのものには数分しかかかりません。また、書きながら自分の頭を整理することが可能です。

日報を長文で書いても、頭は整理されるどころか、ますます混乱するばかりです。

結論があり、理由があり、未来に向けて自らどう考えどう動くのかをアウトプットする。

これだけで十分ですし、自立していきます。

シンプルな構造を頭のキャンパスに記憶できれば再現性を高められる

たとえば、弊社では会議もすべて13字アウトプットで箇条書きです。ホワイトボードの内容も、箇条書きで書いていきます。

この効果は、きわめて大きいものがあります。

理由はチームで13字のアウトプットを意識することで、「要するに、あなたは何が言いたいのか？」「結論と理由から導き出される方法は、いくつあるのか？」だけにフォーカスすることができるからです。会議中に求められてもいないことを、だらだらと話す人間もいません。

これにより、物事を自分の頭で要約し、結論から考えて話し、さらに物事を瞬時に頭で整理していく力をメンバーにつけさせることができます。

ちなみに、私の会社で会議を行うときは、全員で結論、理由、解釈や方法を構造で理解するため、ホワイトボードもすべて箇条書きです。

会議のホワイトボードでも13字アウトプットを取り入れると、みなの共通言語もシンプルになります。頭の中にメモリースペースもできます。それが脳の負荷を減らして、新しいアイデアの創造にエネルギーを振り向けることができます。

ホワイトボードを13字アウトプットでまとめるメリットは以下です。

◎意思疎通が速い
◎行動までが早い
◎内容を構造で理解できる
◎会議時間が短くて済む
◎共通認識が生まれやすい
◎新しいアイデアが生まれやすい

実際に私もやっていて、会議に13字アウトプットを取り入れることは良いことずくめです。本書のテーマとは少し外れますが、ぜひ実践してみてほしいと思います。

13字アウトプットで論理的思考も手に入る

ここまでで、13字で伝えることは誰でもできるようになります。あとは実際に使って、成功と失敗を積み上げること。その中で自分の本質を捉えて、相手に投げかけるスキルも培《つちか》われていきます。

つまり、この力は本質を捉えて、言葉に変える技術です。

そのプロセスは、ビジネススクールで2年もかけて論理的思考を手に入れるのと変わりません。

思考力やプレゼン力に直結しますから、ビジネススキルを向上させるためにも、きわめて有効なトレーニングになるはずです。

伝え方が悪いと大切な人間関係を失うきっかけにもなる

逆に、場合によっては、ちょっとしたコミュニケーションのミスが、あなたの人間関係やビジネスに大きな影響を与えてしまうこともあります。

実際、私にもこのような経験があります。

弊社に事業コンサルティングを依頼したある医療クリニックがありました。

人間関係も良好で、クリニックの院長先生も私たちとの長い仕事でのおつきあいを望んでいました。

当初、不安定だった事業も少しずつ良くなり、現場レベルの評価も上々です。

そこで、私はクリニックのステージをさらに上げるべく、先生の本の出版やホームページの改修を提案しました。本が売れれば、さらにクリニックの信頼が生まれるはずだからです。

しかし、そうしたなか、ある事件が起きました。

クリニックの院長先生から電話が入り、「契約を打ち切りたい」との申し出があったのです。

あわてた私はすぐに折り返して、事情を確認しました。

すると、「事業はすでに軌道に乗った。あなたたちの協力はもう必要ない」と冷たく言われてしまったのです。


これは、私の反省点です。

本来、新事業の支援が私たちの仕事です。新事業支援は企業のスタートアップに次いでスピードが求められ、そのため事業の打ち手も短期的な戦略となります。

私は新事業の基本支援をそのままに、さらなる飛躍のための中長期戦略の布石を打ちはじめていました。遠回りになるようでも、院長先生の著書の出版やホームページの改修などに着手していたわけです。

もちろん、現場の理解と賛同は得ていました。しかし、院長先生ほか上層部の認識は違っていたようです。

もし、私が短期戦略をベースにして、中長期の打ち手を進めていると説明していたら、状況はまた違っていたかもしれません。

コミュニケーションミスの責任は発信者側にあることがほとんど

このように、コミュニケーションミスの責任は発信者側にあることがほとんどです。単に伝えたからといって、それだけで自分が期待した成果を得られる、というのは甘い認識です。自分の「伝えた」ことが相手に「伝わる」ことによって、はじめて成果が出されます。


このように聞くと、「なにを当たり前のことを」と感じるかもしれません。ですが、仕事の現場ではこれを意識している人は、ごく少数です。

とくによく見られるのが、

「この資料をやっておいて」

「このメール出しておいて」

という上司からの一方的な指示です。これですと、なかなかコミュニケーションは双方向に発展していきません。

さらに部下に責任を押しつけて、コミュニケーションのミスを全部相手のせいにしてしまうと、もう目も当てられません。

でも、悪いのは本当に受け手だけでしょうか？

あなたの説明が長すぎて、とても頭で理解できない量になっていませんか？

指示が曖昧だったり、わかりにくかったりしていませんか？

メールの指示が長すぎて、読みにくいものになっていませんか？

部下や相手を責めても、状況が好転することはありません。

コミュニケーションミスの責任は、発信者側にもあるからです。あなたの伝え方が変わらなければ問題は解決されません。

相手のキャパシティーを超えているのであれば、あなた側から合わせていくことも大切です。

たとえどんなに素晴らしいビジネスの戦略を考えたとしても、それを組織に伝えることができなければ実行されず、成果を得ることもできません。ただ単に「絵に描いた餅」で終わってしまいます。

伝える側と受け手側が別の人間である以上、完璧に伝わることはありません。これは仕方のないことです。

大切なのは、そのことを前提にコミュニケーションのミスを「できるだけゼロ」に近づけることです。

ピラミッドと逆ピラミッドで話せ

こうした理解の不一致を解消するために、13字アウトプットの方法を教えてきました。

さらに、この章のメインとなる今からご紹介する「相手の理解を深める伝え方のフレームワーク」を活用すれば、相手とのミスはさらに防げます。これを意識するだけで会話はさらにスムーズになります。

結論ファーストで話したあと、理由と方法をあとから説明するピラミッドストラクチャーという構造で伝える方法です。あるいは、その変形として理由などを先に伝えて、結論に導く伝え方もあります。

どちらも、ピラミッドか逆ピラミッドを意識して話します。これが、基本の伝え方の〝型〟となります。

たったこれだけ！　13字で相手に伝わる基本のキ

以下に、13字で相手に伝えるための手順と構造を一覧にまとめてみました。参考にしてみてください。

□結論はなにか？　～結論を先に伝えよう

□根拠を示す　～結論を支える根拠を示そう
□方法や考えの理由を提示　～結論のまとめとして締めくくる

「結論は何か」を考えて、先に伝える

13字でどうやって相手の理解を深めていくか。

その視点から相手の理解を促進して、論理的にあなたの考えを伝える技術です。たった1パターンしかないので、覚えてしまうのがよいでしょう。

これはコンサルティング会社に入ると、まずはじめに学ぶスキルでもあります。でも、そんなに難しくはないので安心してください。

・まず「結論」は何か。これを考えて、結論を先に相手に伝えます。
・次に、そのための理由や根拠を示します。
・そして、最後に自分なりの解釈や方法を加えます。

この「結論→理由→解釈や方法」の順番を原則にするだけで、相手の理解度というのは劇的に高まります。

上から順番に、①結論、②理由、③解釈や方法、が基本です。

しかし、すぐに結論が思い浮かばない場合は、先に「こういった方法がありますよ」と解釈や方法からはじめてもかまいません。

先にあなたの考えを伝えて、「理由はこうです。その結論はこうだからです」と逆から伝えていくパターンです。

いかがでしょう。話の構造がまるでピラミッドのようですよね。

ただ、一般的には相手の理解を深めるピラミッドストラクチャーは「結論→理由→解釈や方法」の順番で伝えます。上から順番に伝えたほうが、相手の理解も深まりやすいからです。

理解を深める技術とは、こうしたパターンにあてはめて磨いていくわけです。

このようにワンランク上の論理的に13字で伝える方法を磨いていくと、あなたの市場価値や相手からの評価はどんどん高まっていきます。

一瞬で論理的に話して、相手の理解を促進するためのテンプレートとも言える型です。
ぜひこの場で覚えてしまいましょう。

聞き手は結論をまず聞いて、さらに理解を深めていく

このとき、聞き手は、聞きたい情報を一つ聞いて、さらに理解を深めていくということを繰り返します。脳の中では情報をつかさどるニューロンという物質が大量に出ています。
これらが脳の情報同士を連結させてイメージ化していくわけです。

なので、先に相手が聞きたいと思っている情報をつねに意識して伝えていくことが大切になります。

すぐに結論が思いつかなければ、「はじめに」「話のテーマ」「タイトル」を伝えるだけでも非常に有益です。

「今からこういう話をしますよ」と先に伝えるのです。

結局、何を言いたいのかわからないと、話にまとまりがないし、内容に脈絡がなくなります。このような指摘を上司やクライアントから受ける人というのは、やはり、話の結論を先に話していない。結論がどうしても思いつかない場合は、テーマやタイトルに置き換えてもよいわけです。

ひとつ、具体例を紹介しましょう。

【具体例　タイトルや結論を先に】

朝の部門間ミーティングを終えた社長に社員が駆け寄ってきて、

「社長、ちょっとお時間いいですか?」
「なんだ?　今朝はあまり時間がないのだが……」
「『来週火曜の国際特許の戦略』についてです」
「ああ、もうそんな時期だ。君の意見は固まったんだな」

「はい、この投資は必要です。なぜならば……」

1つの内容に結論は1つでいい

伝わらない話の場合、その構造が「自分の話したい、伝えたい順番になっている」ということがほとんどです。

こうした場合、「大事なテーマに結論は1つ」と腹をくくることです。

そのテーマの話を終えてから、また別の話をする。

1テーマにつき1つのタイトルと1つの結論。このように腹をくくると、あなたの頭の中に話し方の型ができあがってきます。

また、もしあなたが、どうしても結論が思いつかない場合は、次のように言えば相手は理解しやすくなります。

「結論から入るわけではないんですが、今回の店長会議の資料に疑問がありまして……」

このように、まず前置きしてから、「この話をさせてください」と伝えます。

こうすることで、話が理解しやすくなります。そればかりか、「この人は伝えるときは結論から、を理解している人なんだな」という安心感にもつながります。そうした安心感が最後まで続けば、相手の耳は安定してあなたに対して向けられるはずです。

誰でもできる論理的に伝える力の磨き方

このように、ワンランク上の理解が深まる13字アウトプットは、「話す短さ」と同時に「話す構造」も大切になります。

おさらいしますと、以下の３つです。

①結論　注意を引きつける

↓

②理由　自分事にさせる
↓
③方法や意見　具体的な行動をしてもらう

わかりやすい話し方にはいくつかの「型」があります。その中でも、論理的に話すための「テンプレート」とも言える基本の型です。

とくにコンサルタントがよく使うのが最初に「結論」を述べて、次にその「理由」を伝える方法です。

この時点で、すでに伝える目的の8割を達成することをめざします。2割や3割ではありません。全体の8割です。ここがポイントです。

さらに必要に応じて「具体例」を挙げたり、「やり方」などの方法を話します。

そして、記憶に留めてもらうために、最後にもう一度「結論」を述べると良いでしょう。

最後に結論を伝えるのは、行動の目的をより明確にするためです。

伝えることの最終目標が相手を動かすことである以上、行動の目的を再確認することは大切なことです。

具体例を挙げて紹介していきましょう。

「おい。どこか、おいしい店を知らないか」

上司のこれだけの質問では、行動の目的が曖昧なので、まず質問しましょう。

「何が食べたいですか？」
「そうだね、肉なんていいね」

相手の目的に対して、結論ファーストで伝えましょう。

「それでは、『〇〇レストランがおすすめ』です」

続いて、そのあとに理由を述べます。

「『高級店より柔らかいのに安い』んですよ。とくに『フィレステーキが一番おいしい』です」

この時点で、話の8割は伝わっています。
それも、主要となる部分はほぼ13字で構成されています。
さらに、意見を述べたいときは、このあとに続けます。複数の解釈を伝える場合は、最初にその数を伝えてもいいでしょう。

「なぜかというと、私が考える理由は3つあります。
・1つ目は、料理長が元高級料亭で修行していた。
・2つ目は、食材が希少な国産○○豚です。
・3つ目は、しかも静かな個室が予約可能です」

この会話を13字のロジックフレームに入れて考えると、こうなります。

【結論】「○○レストランがおすすめ」
【理由】「高級店より柔らかく安い」「フィレが一番おいしい」
【解釈】理由は3つです。
・1つ目、料理長が元高級料亭で修行
・2つ目、食材は希少な国産○○豚
・3つ目、静かな個室が予約可能

結論と理由で、伝えたいことの8割は満たしています。

さらにあなたの意見として、明確な理由を3つも挙げられたら、「なら、行ってみようか」となります。

これは、あらゆるビジネスでも同じです。
・それだけ儲かるなら、投資してみようか

・これだけプラスになるなら、許可しようか
・それだけ結論と理由が明確なら、プロジェクトを許可しようか
・これだけイメージできるなら、他のメンバーも納得しそうだ

あなたが伝える内容によって、相手のリアクションが変わってくる。伝え方は、そのためのトリガーだと思えば良いかもしれませんね。

頭の中を整理する接続詞の有効な活用法

また、結論のあとに、その理由や自分の解釈を伝える際は、前章でもご紹介した接続詞を有効に使うといいでしょう。

仕事ができる人や話し方が上手い人、人心を掌握することに長けた一流のコンサルタントは、枕詞や接続詞を有効に使います。やたらに使うのではなく、ここぞというときに狙って使うのです。これが、あなたの伝えるスキルを高めることになります。

私が論理的に話そう、相手の理解を促進しようと思って話す場合は、「今から結論から

述べます」と最初に伝えます。そして、理由を言う際は「なぜか」と枕詞をつけます。具体例を挙げるときは、「具体的に話せば」「もしくは」「たとえば」という接続詞を加えます。自分の意見を再度強調するときには「つまり」や「結果として」です。

このように枕詞や接続詞をはさむと、相手の印象はどう変わるでしょうか。伝え方がスマートに見えますし、続く話の内容も印象深く感じます。また、話し方にリズムを作ることができます。

また、接続詞を使うことによって、それぞれのつながりに「間」を設けることができますよね。「たとえば……」「つまり……」とワンクッションを置くわけです。これにより、相手の思考をまとめたり、考えを咀嚼《そしやく》して理解を落とし込む時間を与えることができます。

代表的な枕詞や接続詞の一例を挙げると、次の接続詞になります。

・結論を言う際は、「結論から述べると」「まとめから入ると」
・理由を言う際には　「なぜかというと」「理由は」
・具体例を挙げる際には　「たとえば」「では」「具体的には」「弊社の例では」

接続詞のあとの「間」で商談やプレゼンの場を支配する

さらに、弊社の社員には接続詞を上手に使って、次の話の展開を考えるよう訓練しています。話をよどみなく話すと頭が良い印象を与えます。しかし、いくら短いフレーズで頭の中を整理していても、次から次へと言葉が出てくるというのは難しいものです。どんなによどみなく話す人でも、裏ではそうした工夫をしているものです。

また、「間」というのは意図的にコントロールをすることで、影響力や存在感を高める心理的な効果があります。接続詞のあとに沈黙するなど、数秒の「間」を有効に活用すればその場の主導権を握ることができます。結構有名なスキルなので、ご存じの読者も多いのではないでしょうか。

ただ、そうしたことをセミナーや本で学ぶと、突然沈黙しはじめる人がいるんですね。

ただ、それは間違った使い方で、止めたほうがいいです。

営業力やプレゼン力は高まらないどころか、「この人大丈夫かな?」「なんか急に話を止めたけど、お腹が痛いのかな」と思われてしまいます。


一番いいのは、接続詞を使ったあとに、数秒間沈黙することです。

これだけですごくプレゼン力が高まります。何より自然ですし、「間」を武器として有効に使うことができるようになります。

このようにちょっとしたアイデアと一緒に接続詞を使えば、あなたの印象をスマートにして、交渉を上手に進めることができるようになります。

数字を使うと、聞いている相手の苦痛が和らぐ

数字を有効に使うことも、プレゼンや商談では大切です。もちろん、13字アウトプット

の伝え方もそのほうがわかりやすくなります。

スピーチで一番苦しいのは、どこまで話題が続くのかがわからないときです。

たとえば、私はのべ200回以上の講演に呼ばれていますが、こうした際、セミナーの終わりにはたいてい質疑応答の時間が設けられます。

白熱したセミナーでは、大勢の方が挙手をして質問をされます。みなさんもセミナーに参加した際、そうした風景を見たことがあるでしょう。

そのとき、質問する方が、「えーっと」「つまりは」と行きつ戻りつしながら、いつまでも結論に入らないとイライラしてきませんか。

もちろん、私は講演者ですので感情的になることはありません。しかし、質問の意図が理解できないと、頭のメモリを相当消費します。

ただでさえセミナーで疲弊した状態です。判断力はだいぶ鈍ってきています。

そこに追い打ちをかけるように終わりが見えない話をされると、まわりも非常に苦痛です。それこそ、質問の途中で立ち上がって、帰ってしまう人が増えてしまいます。

こうした場合は、私は助け船を出します。

「つまりは、あなたの言いたいことは2つですよね」とこちらから合いの手を出す。すると、相手の思考が整理されて、話がよどみなくスムーズになります。

このときも、やはり数字で伝えてあげることが大切です。

なお、数字は理由、もしくはあなたの解釈や説明の部分で使うと良いでしょう。

本書では3種類の数字をとくに重要視しています。

- 1は絶対の数字
- 3は調和の数字
- 5は卓越の数字

1は絶対の数字

1は絶対的な数字なので、あなたが「1つしか理由がありません」と言うときに使います。

相手の耳はその一点に集中します。相手の意識がフォーカスします。話を聞き逃さない、という心理的なプレッシャーにもなります。

なので、あえて1つしかないときは、私は狙って「1」という数字を使います。あるいは、どうしてもその後に続く自分の考えや戦略を強く押したいときに、相手の注意をフォーカスさせるために使います。

小さな子どもでも3つまでは理解できる

「3」は調和の数字です。多くのシーンで使います。

小さな子どもでも生まれたときから「3」までは理解できると言われています。

成長とともにだんだんしゃべれるようになると、子どもたちは、頭の中で考えたことをそのまま言葉にするようになります。

人気のテレビ番組『はじめてのおつかい』で、子どもたちがピンチになるとよく独り言を言っていますよね。あれなどはまさに頭の中に言葉を思い浮かべることで、行動を促している脳の働きなんですね。

そんな子どもたちは、生まれた直後から3つまでの数を理解できると言われています。ですから、幼稚園でのお遊戯もたいてい1、2、3、1、2、3となります。

また、幼児向けの絵本も登場人物を3つまでのグループに分けたりと、3で理解させることが基本になっています。

このように、人間にとって「3」とは調和の取れた、特別な数字です。「3つあります」と言われると、なぜだか安心してしまいます。それはこうした理由からかもしれません。

また、先に数字を示すことで、相手の頭に理解の箱を与える効果もあります。玉入れと同じです。そこに言葉を投げ込むわけです。

このようにロジックツリーの結論を支えるように数字で伝えることで、相手の納得感を生み出すことができます。

実際、アイデアは複数あったほうがまとまりやすい、という心理テストが大学の研究でも発表されています。解釈や提案の数は1つより、複数あったほうが、相手も腑に落ちやすいということです。

「卓越の5」をどう活用するか

最後の「5」は卓越の数字です。「卓越の数字」というのは私の造語ですが、それには理由があります。

たいていのプレゼンや商談は、3つまでで大丈夫です。ただ、あえて卓越の数字を使う場合があります。

実際、ビジネスの場で瞬時に5つの考えをポンポンと並べられると、「この人は、すごく頭の回転が速いな」と感じるものです。

私もそうです。そうした心証を利用するために、結論と根拠の後にあえて5つの理由を話すことがあります。

しかし、そうした場合、マジックの手の内を明かすようで少し心苦しいですが、あえて5つの数字を使っている場合がほとんどです。

自分の専門分野でない場合、話しながらすぐに5つの理由を示すことは、いくら頭が良くても簡単にはできません。そうした場合、先に「5つあります」と言ってから残りの4つを必死に考えているわけです。

つまり、あえて5つを話すときは、はじめから5つ話すことを決めているのです。私がクライアントやプレゼンの場で話すときは、ここで自分のプレゼンスを高めて、相手にそう印象づけるためにほかなりません。

つまり、「この人は5つも打ち手を持っているんだ」という評価を得るために、戦略的に卓越の数字を使っているわけです。

まとめ「数字」の活用法

□1は絶対の数字。他に選びようのない、あなたの自信や経験に支えられた絶対的な方法や考えです。

□3は調和の数です。相手を尊重する数でもあります。

□5は卓越の数字です。プレゼンや商談で「そう考える理由は5つあります。まず1つは、生産性のアップであり～」と展開されると、相手はあなたの頭の回転の速さに圧倒されます。結果、その場の空気を支配したり、相手の感情を引き込むことができます。

端的に短く伝えたいときは、2ステップで簡略化

ここまでご紹介したテクニックを応用すれば、13字アウトプットを使って相手の理解を一層深めることができます。

上級編としてショートカット話法を知っておくと、ロジカルに短いフレーズで相手に伝えることができます。

社内ミーティングや、相手の理解を即座に得たいときには、2ステップで簡略化してしまいましょう。

以下の例文のように話を型でまとめてしまうと、わかりやすいですね。結論ファーストで構成しているので、相手の頭もすっきりします。

□**結論＋理由「結論は（13文字）。なぜなら、～だからです」**

（例）新規の出店は見直すべきです。なぜなら、このエリアは競合店舗が多く、苦戦が見込まれるためです。

□**結論＋目的「結論は（13文字）。これは、～のためです」**

（例）新規の出店を見直します。これは、予算は確保して、既存店舗の新メニューの開発を行うためです。

伝えるほうには聞く力も大切

そのとき大事なのは、相手が何を重要だと思っているか、相手はどういう順番で聞きたいと思っているか、を理解することです。

そのために、しっかりと相手の聞きたい主題や最優先事項を明確にする、これが非常に大事になります。

伝え方とは「本質」をとらえて言葉に変えていく技術

つまり、「伝える」こととは、言い換えると相手の意向の本質を捉えて、言葉に変えていくという技術です。

論理的な思考を手に入れるのと、そのプロセスはほとんど変わりません。

だからこそ、13字アウトプットは思考力やプレゼン力に直結するのはもちろんのこと、あなたのビジネスのスキルを向上させる、極めて有効なトレーニングになるわけです。

第7章

脳科学が認めた
13字で相手を動かす方法

伝えることの目的は「相手を動かすこと」

ここまでで、あなたは13字で「結論↓根拠↓解釈や方法」でまとめる方法を学びました。また、相手の理解を深める構造も知ることができました。

このスキルだけで伝え方やプレゼンの8割はカバーできます。ただ、リーダーや現場責任者の場合、ときには相手に指示をしたり、そのとおりに部下を動かすことが必要な場合があります。そうした際は「論理的に正しいか」ではなく、「いかに正確に動いてもらうか」が優先されます。

そのとき役に立つフレームが、この章で紹介するもう1つの伝え方のフレームワーク「脳から巻き込む相手を動かす伝え方」です。

最速で伝わる！　13字アウトプットの2W1Hのポイントを押さえよう

結論から言うと、この章の内容は13字アウトプットを2W1Hで行う方法です。

冒頭でもお伝えしたとおり、新人研修やビジネスの現場では、5W1Hでプレゼンの構成を組み立てようと言われます。

しかし、私たちはなにも高額なコンサルティングフィーをもらっているコンサルタントではありません。公的文書を作成したり、数千万円で課題解決のレポートを提案するならまだしも、一般的なビジネスシーンでは2W1Hで十分だというのが私の見解です。

構造はシンプルなほうが相手に伝わります。つまり、以下の3つを押さえるだけで相手を動かす伝え方になります。

□What　「なにを」やるか？
□Why　「なぜ」やるか？
□How　「どのように」やるか？

相手が複数、あるいはプロジェクトリーダーを任されたとき

相手が複数の場合には、これに「誰が」「いつまでに」を加えます。

ただ、基本的はHow（どのように）でそれら2つを完結させるほうが、相手も内容が散漫にならず、時間が取られずにシンプルです。

13字アウトプットと同じです。なるべくシンプルに考えましょう。

□What　なにを？
□Why　なぜか？
□How　どのように？（How どのように？　Who 誰が？　When いつまでに？）

ビジネスシーンの突っ込みどころは、3つの疑問に集約される

人が理解できるように伝える。これを言い換えると、あなたの説明を聞いた相手が「な

るほどね」「次はこう動けばいいのか」と次のアクションが理解できる、ということだと思います。

心配や懸念を払拭《ふっしょく》して、次のアクションをイメージさせる。これが非常に大事になります。

そのために、人を動かす伝え方では、3つの疑問が解消された状態をつくり出す必要があります。

それがWhat、Why、Howの疑問です。

ビジネスシーンにおける突っ込みどころというのは、いわばこの疑問、3つの欠陥に集約されているからです。

・なにをやるのか
・なぜやるのか
・どのようにやるのか

これらは、相手の行動を左右する最大の要因です。

逆に言えば、この3つの突っ込みどころをなくすだけで、ビジネスであれ、プライベートであれ、相手のアクションが円滑でスムーズになります。

たとえば、Whatであれば、企画の詳細はなにか。その問題点（イシュー）はどこか。原因はなにか。

Whyであれば、なぜそれをやるのか。どうして今行わないといけないのか。どうして我々の会社やチームでなければならないのか。

Howであれば、どのようなスケジュールでやるのか。どのようなチーム体制でやっていくのか。

この3つをすでに述べた13字アウトプットと構造化の力で、しっかりと明確にする。そして、これら3つをまとめた伝える力でコミュニケーションを図っていくことで、本質を捉えた仕事ができるようになります。

加えて大事なのが、実際に行動に移せる動作レベルまで落とし込まれているか、ということ。動作レベルまで落とし込めていないと、結果までつなげるということはなかなかできないからです。

なので、What、Why、How で話すときには、

- 目的を意識する
- 当事者意識を持たせる
- 責任の所在を明らかにする
- 期日を明確にする

以上のことが非常に大事になります。

「なぜ?」にすべてを結晶化させよう

とくにもっとも大切になるのが、「Why　なんのために」です。相手を動かす際には、この部分を強く意識します。

クリスタライズと言って、ここに意識を結晶化させていくことです。

軍隊の命令であったり指示であれば、そこに「なぜ?」という疑問は必要ありません。

しかし、相手が部下であったりチームであったりすると、上司の指示でつまずくのが「なぜやるの?」なんです。


なぜやるのか。ここが腑に落ちないと、ある意味エンジンがかかりません。「それ、前回言っていることと違います」や「私たちのスタンスでは理解できません」となってしまい、ひいては相手への不信につながったり、場合によってはメンタルへのダメージになっていきます。


部下やチームに指示を出す際には、「なぜ」ということを常に明確に伝えてください。

端的に言えば、「相手が何のために働くのか」「なぜ、チームのために必要なのか」ということを伝えることです。

それは未来から伝えることもあれば、過去から伝えることもあります。

これがブレてしまうと、納得できずに動かないとか、面従腹背というかたちとなって、組織そのものが病んでしまいます。

なので、私の場合は、この部分にはとくに自分のパワーをフォーカスします。

つまり、「ベクトルを揃える」ということです。大事なキーは「なぜ」。そうしっかり覚えておきましょう。

言葉が曖昧だと部下のメンタルもダメージを受ける

組織のマネジメントをして、部下に期待以上の働きをしてもらうためには、先ほどの理由も含めて、やはり言葉でしっかりと指示をしないといけません。

指示の仕方、伝え方だけで結果はまったく変わってきます。なんとなく「これやって」「進めておいて」だけでは、マネジメント能力としては半人前だと思ってください。

言いすぎれば、相手のストレスにもなります。実際、曖昧な上司の指示というのは、部下にとっては心理的なダメージが大きいわけです。指示もわからない、〆切りもわからない、具体的な成果もイメージできない、では体調不良やメンタルを壊す原因にもなります。

つまり、「相手が理解できる大きさまで分解して話す」ということが大事です。短く話す。大きなことを小さく噛み砕いて話す。これは、だれでもやろうと思えば、心がけと訓練次第で身につきます。

ピラミッドストラクチャーも2W1Hでいい

これらを、前章までで紹介した13字アウトプットとピラミッドストラクチャーに当てはめてみましょう。すると、以下のようになります。

□What　なにを？　結論を示す「結論から言えば〜」
□Why　なぜ？　納得してもらう「なぜなら〜」
□How　どのように？　具体的に動いてもらう「たとえば〜」「いつ〜」「誰が〜」「どのように〜」

【例文】

■よくある伝え方。構造が複雑で、話の最初のほうは最後には忘れてしまいます。

イベントの機材に遅れが出て、あなたがイベント会場に行く必要があります。イベント会場で現場の指揮を取ってください。営業部の田中さんが怒っているので、直接謝罪も必要です。正午までにお願いします。イベント機材の納品が遅れたためです。

■構造を整理すれば、スピーディーに伝わりミスもなくなります。

＊What　なにを？「営業部の田中さんが怒っています」
＊Why　なぜ？「イベント機材の納品が大幅に遅れたからです」
＊How　どのように？「本日の正午までに、イベント会場に直接行って、現場の指揮をしてください」

■話し言葉にするとこうなります。

営業部の田中さんが怒っています。
なぜなら、イベント機材の納品が大幅に遅れたからです。
この問題を解決するために、今日の正午までに、イベント会場に直接行って、現場の指揮をしてください。

いかがでしょうか。不思議なほど前出のピラミッドストラクチャーにぴったり落とし込むことができます。

物事の原理原則は常にシンプル、そう覚えましょう。

自分が言いたい情報を、ただ好きなように言いたい順番で伝えるのではなく、相手が聞きたい情報を聞きたい順番で組み立てる。

これが相手を動かす一流の伝え方です。

そのために、相手が動く理由を先に決める。とくに、納得してもらうために「なぜ?」にこだわる。これが、相手を動かす伝え方の基本になります。

上司の指示が悪いから部下がミスをする

このように、上司が指示をしたのに部下のミスが多いのは、もちろん注意散漫やメモを取らないなど部下の問題もありますが、「上司の説明が長い、的を得ていない」ということも多いものです。

それを回避するために大事なことは次の3つです。

・理由の明確化
・部下の思考を整理しながら話す
・端的に要約して伝える

そう。つまりは全部、13字のアウトプットでできてしまうわけです。

13字アウトプットは常に「納得」と「行動」がセット

このように、13字アウトプットは常に「納得」と「行動」がセットになります。

どんなに説得力を高く話しても、相手が納得、つまり腑に落ちていなければ、「ん？」という顔になります。これでは行動につながりません。耳だけで聴いて、まったく行動に移せないという結果につながります。

そうなると、ビジネスも加速しないですし、行動を伴わないので成功も失敗もしない。その場でビジネスが止まってしまうことになります。

究極の伝え方は「相手をどう動かすか、どのように動かしていくか」ということになります。その起点となることが大切です。

そのためには、必ず相手の「納得」と「行動」をセットにすること。そのためにどう伝えるか、ということを逆算で考えることが大切です。

そのための方法は、まず2つあります。

1つは先ほど話をした数字で伝えるということ。1、3、5という数字を効果的に使うと良いです。

もう1つは、行動の起点となる部分を数字で伝えること。

たとえば「あなたがこの方法を試すことによって、100万円の利益を得られます」と話せば、相手は腑に落ちて行動に移すこともできます。あるいは、「10件アポイントを取れば、1件必ず商談になる」と話せば、納得して行動につなげることができます。

つまり、数字を使うことにより、より具体性を増して相手の行動を促進するわけです。

相手を動かす事例にこだわれ

また、もう1つ、相手を動かす伝え方の応用編として「事例」を述べるというのがあります。

事例というのは相手がイメージできないことを、「過去にはこういうことがあった」「先行事例として競合他社はこういうことをしている」と示すこと。これにより、「自分も同じことができるかもしれない」「再現できるかもしれない」と具体的にイメージできます。

イメージできないものは、人は行動できない。これは当たり前ですよね。

逆にイメージさえできてしまえば、不可能だと思っていたこともできてしまう。

たとえば、ウォルト・ディズニーはまわりが誰もできないと言ったことを成し遂げました。みなさんも大好きなディズニーランドです。

それは、「自分はこういうことができる」と明確にイメージしたからです。だから、ウォルト・ディズニーはディズニーランドを作れたわけですね。

ラスベガスがある場所は、もともと大きな砂漠だったということをご存じですか。

これもあそこに「カジノを建てる」ということをイメージして決めたから、あの砂漠のど真ん中にカジノが建ったわけです。今では世界で有数の商業ビルの集積地になっています。

このように、相手の行動を促すためには、イメージできる事例を伝えるということがとても大事になります。

事実をもとに話す

「事実をもとに話す」というのも相手を動かす伝え方につながります。

たとえば、このように伝えると、あなたのイメージはより具体化されていきませんか。


【例】

【ビフォー】

「今の若者はユーチューブを使います」

【アフター】

「今の若者はユーチューブを使います。その視聴時間はテレビの約2倍になっているんです」

このように相手に伝えたら、ユーチューブの動画ＣＭにマーケティングの費用を投下しようかということになります。

ＳＭＡＲＴに伝えよう

脳が認める相手を動かす伝え方の最後に、それらを実際に行動として具体化していく手順についてお話しします。

そのために大事なのが、「ＳＭＡＲＴ（スマート）」という考え方です。ＳＭＡＲＴとは、ゴールをしっかりと明確にして、それを具体的に行動に落とし込むための考え方です。

「Ｓ」は具体性がある、「Ｍ」は測定可能である、「Ａ」は達成可能である、「Ｒ」は成果を重視している、「Ｔ」は時間の制約がある。その頭文字を取ったのがＳＭＡＲＴです。明確な目的を持って行動するためのビジネスフレームワークで、目標を達成するために必要な５つの項目の頭文字を並べたものです。

これを、相手を動かす伝え方にも応用できます。５つの項目それぞれについて、目的と理由が理解できるよう、相手に伝えればいいわけです。

それぞれの要件を具体的に見ていきましょう。

①Specific　具体的であること

相手に具体性を持って伝わることが必要です。目的や理由が具体的であれば、実現するための方法を考えやすくなります。

（例）「営業部門の改善を行います」↓「訪問件数と受注獲得数の低下の改善を行います」

②Measurable　測定可能であること

あなたが伝えた内容は測定可能である必要があります。測定可能でないとKPIなどの効果測定やPDCAなどの達成度合いの評価ができません。そのためにできるだけ数値化して表現しましょう。

（例）「採用人数の増加」↓「将来海外事業部を任せられる、若手幹部候補の採用増加」

③Attainable　達成可能であること

あまり難易度の高い目標は、相手の行動意欲を阻害します。高いレベルの目標を与えるのであれば、マイルストーンを細分化して伝えましょう。適正な難易度のものであれば、相手も意欲を持って取り組んでくれます。

（例）「昨年より強化」→「ネット事業は1・5倍、通販事業を1・8倍にする。」

④Result-based「成果」を重視していること

あなたが伝える内容は常にチームの「成果」や相手の「成長」にフォーカスしていなければなりません。何を成し遂げるために伝えるか、をきちんと設定しましょう。

（例）「頑張って成長しよう」→「自分の給与の3倍は稼ごう」

⑤Time-oriented（期限が明確であること）

達成すべき期限やスケジュールがあやふやであれば、相手は頭で理解しても行動につながりません。期限が明確であるほど、達成のためのアクションはスピーディーになります。進捗《しんちょく》の経過報告も期限を設けるのがベストです。

（例）「なるべく早くして」→「今週の金曜日まで。途中経過は水曜日に一度報告を」

このようにSMARTを活用して、あなたの伝える内容を、より具体的で測定可能にしていくことが大切です。

【コラム⑤】誰が、何を、いつCheckするのか、まで決めよう

先ほど、「What」「Why」「How」という3つの話法を教えました。

ここでもうひとつ、あなたが組織のリーダーやプロジェクトを任されるポジションを望んでいるのであれば、覚えておきたい項目があります。それが「Check」です。

・What
・Why
・How
・Check

この4つが揃うと、非常に結果が出やすくなります。

今どきの言葉を借りれば、ただ行動につながるだけではなく、結果に直結するビジネスフレームになります。

つまり、「何をやるか」「なぜやるか」「どのようにいつまでにやるか」という要点を確認したあとに、「誰が、何を、いつCheckするのか」を決めるわけです。

この「Checkまで決める」というノウハウは、私の知る限りどの本にも書いていません。私が実践で培ったオリジナルの部分です。

しかし、これを行うことによって、ビジネスであればエラー防止に、営業であれば結果が出やすい仕組みづくりが、株式投資であれば資産3億円を作った私のように負けない投資法が、勝手にできてしまいます。

第8章

脳のパワーを
最大限に引き出す伝え方

相手の本質を引き出すマジックワード「つまりは?」

私が自分の会社の部下や教え子である学生や、若手社員と対面する際によくする質問があります。それは「つまりは~」と質問することです。

とくに相手の結論や理由がまだあやふやな場合にとても有効です。

こう質問されると、相手も首を傾げながら「つまり……」と考えはじめます。たいていの場合は、腕を組んだり、ひたいに手を当てたりして、自分の言葉を反芻《はんすう》するようにしてうつむきます。

このとき、相手の頭の中ではどのような化学反応が起きているのでしょうか。

ちなみに、脳科学的には脳内の神経同士を結びつけるシナプスは電気信号と認識されています。思考というのは化学反応だと思っても間違いはそれほどありません。

少し脱線しましたね。さて、おそらく相手の頭の中では、「つまり、自分は何を言いたいのだろう」と疑問が浮かぶ、あるいはそれにもとづきカタカタと音を立てて、考えが整理されている状態だと思います。「つまりは？」という結論を導くマジックワードによって、相手の頭が強制的に構造化されているわけです。

この際、私は相手の頭が整理されるまで、沈黙したまま待ちます。

相手から出される言葉は、たいてい最初より言葉は短く、端的でわかりやすく、より構造的になっているからです。

いっぽう、まだ思考の整理がまとまりきれていないと感じる場合は、こう助け船を出します。

「その結論は、つまりなに？」

そう相手の悩みや課題の本質に、どんどん寄せていきます。

相手も質問の答えを見つけるたびに、徐々に言葉が短くなります。相手の頭の中で複雑化していたフレーズがまとまり、整理されている証拠です。

13字アウトプットは最終的にはリーダーとして相手の思考を整理させたり、コーチングするのにも使えます。
部下のプライオリティが定まっていないときは、このようにコーチングしていきましょう。

人の考えをまとめるには

13字アウトプットを利用して相手の考えをまとめるためには、先ほどの2ステップで質問しながら、答えを導くと良いでしょう。

□結論＋理由「結論は？　そう考える理由は、つまりなに？」
相手から期待される答え「結論＋なぜなら、〜だからです」
□結論＋目的「結論は？　そのためには、つまりどうするのがいい？」
相手から期待される答え「結論＋それは、〜のためです」

こうすることで、相手が何を聞きたいのか、何を求めているか、どこでつまずいているのか、がはっきりと見えてきます。

13字でアウトプットすると、相手の言葉もシンプルで力強くなる

このように「13字でアウトプットする」ことを続けていくと、あなたや相手の言葉というのは、どんどんシンプルで力強くなっていきます。当然、影響力のある言葉にも変わっていきます。

その力はまた、あなたの思考力を高めて、物事の本質を掴む力にも変わっていく。この本質を掴む力が手に入れば、多くのことから本当に大切なことを見極められるようになります。

聞く力というのは本質を掴む力

13字で伝えるというのは、言い換えれば本質だけを理解する、本質を掴む力のことです。

自分の中で本質だけを捉える力が養われていければ、自然と、聞く力も高まっていきます。

逆にそうした本質を理解する力がないのに、相手の話を聞いて、相手の優先順位や本音を理解することがどうしてできるでしょうか。

リーダー・コミュニケーションの最上位はプライオリティ・コーチング

最終的にリーダー・コミュニケーションの最上位は、プライオリティ・コーチングだと私は思っています。

相手の話を聞いて、何が一番重要か。何が最優先課題か。これらを理解して、それを相手に伝える。

もし相手が間違っていたら、「そうじゃない、今はここにフォーカスしなければだめだ」とリーダーであるあなたが壁になって正してあげる。

これこそが本当のリーダーの伝える力、プライオリティ・マネジメントだと私は思います。

それを力として身につけるためには、本質を捉えて、構造化してシンプルに伝える力が必要になるわけです。

優先順位とは、話のプライオリティを決めること

また、伝える側が優先順位、つまりプライオリティをつけると、聞く側もエネルギーを使うことを抑制できます。

とくに限られた時間の中でできるだけ有効に話そうと思うと、優先順位が非常に大切です。

広げたままの焦点では、どこを見ているのかわからないのと同じです。大きな水族館で、自分が指している対象と、連れが見ている魚がなかなか一致しないことがありますよね。これと同じことです。

自分自身もどこにフォーカスしているのかわからない。すると、相手もだんだんと話の道筋が理解できなくなる。こうなると、もう「伝える」という目的すら果たせなくなります。説明する時間がいくらあっても足りない。

そこで大切になるのが優先順位なわけです。互いの優先順位を決めて、話していくことが大事になります。

また、接続詞をうまく使うと焦点を絞ることができます。

「たとえば」「とりわけ」「特に」「結論を話すと」「中でも」といった接続詞は、顕微鏡のように、あなたの話の焦点を広げたり、絞ることに役立ちます。

私がよくやるテクニックとしては、先に接続詞を言ってしまうことです。そのあと、言葉を続けると、虫眼鏡で本を読むのと同じ効果で、自然と話の内容を相手にフォーカスすることができます。

頭でっかちになるな！ 考え抜いてから伝えよう

伝え方が優れた人というのは、生まれながらにそうであったわけでありません。当然、努力してきたからです。

では、何を努力してきたかというと、情報を整理して自分なりに短く考えをまとめる努力です。つまり、自分が話したい順番でダラダラと話すのではなく、相手にとって何が大事かを真剣に考えて、情報を整理してから話しているわけです。

これを日々努力することによって、見違えるほど思考力や論理的な考え方というのが身についていきます。

ただロジカルシンキングの本を読んだからといって、それが身につくほど甘いものではありません。実際にコンサルティング会社に勤めている方でも、論理的な話し方が身についていない人はたくさんいます。

それはなぜかというと、物事を端的に考えて、整理する訓練を日々してないからです。

あえて厳しい言葉で言うと、知識だけの頭でっかちでは、実践ではなんの役にも立たないわけです。そうならないためにも、「シンプルな言葉でまとめ抜く」といった習慣を日頃から身につけていくことが大切です。

そうすれば、あなたも自然と頭の中を整理した、本質的な思考法ができるようになります。

固有名詞を意識する

また、話が曖昧になる人は、「それ」「これ」「あれ」などの代名詞や、曖昧な言葉を使いがちです。

とくに固有名詞を使うべき所を、「それが」「あれを」などと曖昧な表現をすると、話全体がぼやけてしまいます。

長年連れ添った夫婦でも同じです。焦点のぼけた会話は伝わらないものです。

相手が知っているという前提で話すのはよくありません。

そのため、できるだけ固有名詞を使いましょう。

たとえば、代名詞や形容詞は曖昧さがともないますので、形容詞などはすべて固有名詞や数字に置き換えてしまうのがいいでしょう。

具体的にはこのようなニュアンスです。

【ビフォー】
来週、大人数の会議がある。
広いテーブルを用意しておくように。

【アフター】
5日後の火曜日に25名の来客がある。
それ以上でも対応できるテーブルを確保するように。

「来週、大人数の会議があるから広いテーブルを用意しておくように」だと、やはり曖昧です。

「5日後の火曜日に25名ほどの来客があるので、25名以上の来客でも対応できるようなテーブルを確保するように」と伝えれば、間違いも起こりにくくなります。

このように指示を出す前に、曖昧な形容詞や誤解の原因になる代名詞を使っていないか、まず伝える側がチェックする必要があります。どうしたら具体的に伝わるのかということを、しっかりと考える習慣をつけるわけです。

説得力がある人は最初に場の雰囲気をつかむのがうまい

やたらと場の雰囲気を掴むのがうまい人、というのもいます。

とくに、伝える力でその場の空気をコントロールしようと思ったら、長くダラダラ話してはいけません。

最初が一番肝心です。最初が決まれば、あとは自然とシンプルな伝わり方になります。

最初の一言こそ、短く、端的に話す。この最初のスタートダッシュを決めることを意識してください。

説得力がある人は最初に場の空気を掴むのが上手いです。とくに商談やプレゼンの場というのは、ぴんと緊張感が張り詰めた独特の空気が流れています。

そのため、いかにその空気を掴んで自分に引き寄せるかというのがすごく大事です。

私は商談やプレゼンではつかみの言葉であったり、最初に発言する内容をすごく吟味《ぎんみ》して、大切にします。その一言が相手に突き刺されば、その場の雰囲気を自分に引き寄せることができるからです。

逆にそこで失敗をすると、後手後手に回ってしまったり、相手のペースに巻き込まれてしまったりと、なかなか商談が前に進まないことが起こります。

お笑い芸人でも、最初のつかみを大切にするのはきちんと理由があったんですね。

特に最初の言葉はなるべく短く話す、端的に話すということが非常に大事です。ここでダラダラと話してしまうと、この人はとめどもなく話す人だという印象を与えて敬遠されてしまいます。

いかに最初のつかみを端的に、13字の言葉でまとめるかというのが、あなたがその場の空気を支配できるかどうかにつながると思います。

タイトルをつけると共通認識が芽生える

話がうまいと感じる人の会話をきちんと聞いていると、いくつか共通点があります。その1つが、「会話のそれぞれにタイトルをつける」というものです。


「なるほど、それは○○ということですね」

「○○について話そうと思います」

このようにタイトルで綺麗にまとめてくれると、話を聞いているほうも「そうそう、それを待ってたんだよ」と思わず相槌を打ってしまいます。

こうなると、話し手と聞き手が共通認識を1つの標榜にしながら話を進めることができます。どんどん会話も盛り上がっていきます。

そして、こうした話のタイトルをつける際に、13字アウトプットを応用するとよいでしょう。

とくにこの技術に優れているのが、この本で何度も紹介したマツコ・デラックスさんです。結局、ものすごくシンプルに話せる人は、シンプルな構造を理解して、シンプルなまま伝えているんですね。

幹の部分だけ伝える

たとえば、枝葉のようなところはすべて飛ばして、幹の部分だけを伝える。逆に、だらだらと長く話している人は、あまり考えていないか、頭が整理されていないかのどちらかです。

これでは「この人はあまりスマートじゃないな」という印象を与えてしまいます。

相手が求めるものを、相手が求める順番で伝える

そのためには、「相手が求めるものを、相手が求める順番で伝える」ということが大切です。

成功するビジネスの基本は、相手が求めているものに対して、あなたがどう提供できるかです。

求めていないものをいくら提供しても、相手は喜ばないですし、あなたの評価も上がりません。

つまり、相手が求めていることにフォーカスし、的を狙って逃さない、ということです。

「結論」から話さないのはただの時間泥棒

同じように、結論から伝える構造が、相手の信頼を生みます。

なぜ、結論ファーストで話すことが信頼につながるのでしょう。

それは相手を尊重していることにもつながるからです。

私は、部下にはけっこう厳しいです。結論から話さない部下がいたら、こう激しく叱責します。「なぜ結論から伝えない。君は時間泥棒か」と。

結論から伝えないのは、ただの時間泥棒です。

同じように、冒頭でどんな話をするのか、全体の流れを示すことも、相手の時間を尊重することにつながります。

人は自分の話にしか興味を示さない

相手が興味を示さないのは自分には役に立たない、興味のない話だと考えているからです。

だから最初から「相手が興味を持てる順番で話す、相手が聞きたいと思える構造で伝える」ということが大切になります。

人は、自分に関係がある話しか興味を持たない生き物です。ほとんどあなたの話は聞かれていないと思ってかまいません。

そうならないためには、ただ自分が伝えたいように話すのではなく、相手が興味を示す順番で話すことです。内容を絞る、それも相手が興味を持つ情報だけに絞る、ということが非常に大切です。

逆に言えば、「13字しかなかったら、あなたは何を伝えますか」と自分に質問してみることです。

結論を先に話すから、相手の興味や関心を醸成できる

これは、就活中の学生にも言えることですが、相手が期待することにすぐに答えることで、相手の関心や興味を醸成できることがあります。

まず相手が興味を持つことを先に持ってきて、興味や関心のベクトルをこちらに向けてもらうわけです。

そのあとで、詳しい説明を加えていく。こうすることで、あなたという存在が他よりも

断然際立って見えるはずです。

面接をするたびに思うこと

私は3つの会社を経営していますが、面接をするたびに思うことがあります。非常に有能で頭がいい。経歴も素晴らしい。しかし、そんな方でも面接に来たときに、「すごく話が長くて自分の話しかしない」「主張が曖昧で、何を言っているかわからない」ということがあります。

そうなると、それだけで「ああ、この人は話す力を磨いてこなかったんだな」「もったいないし、残念だな」と思ってしまいます。当然、面接でもよい結果にはなりません。ほかのスキルと一緒に話す力も一緒に磨いていれば、と残念でならないわけです。

このように、あなたの説明する能力、話し方がそのまま仕事の能力になり、仕事の基礎力になります。

相手を高める伝え方が、自分の価値を高めてくれる

今の世の中は、年功序列が成果主義に変わっています。

大手企業に入れば安泰でうまくいく、という世の中が、小さい会社に入ったほうがむしろ成長できるしスキルが身につく、という世の中に変わってきています。

また、今までよりも、大富豪と、中流やそれ以下の層との差がはっきりしてきます。

こうしたなかで、あなたがまず勝ち残る。そのために13字で伝える力というのは非常に大切になってきます。


大事なことは、長く話すのではなくて、価値ある内容をいかにシンプルに短く伝えるか。

そして、こうも考えます。人の能力というのは、結局古代ローマの時代から伝える力の差で決まり、成果というのはそのスキルの差で決まる、と。

つまり、あなたの伝え方、話し方が変われば、得られる結果も人生も変わってくるはずなのです。

頑張れば誰でも必ず手に入るスキルです。

あなたの収入を変えて、結果的にあなたが生涯手にする人生の豊かさを変えてくれます。

最終的にこの本で得られるのはただのスキルではなく、自分を高める方法であり、自分の人生を変える方法なわけです。


ただ目の前にある資料や頭に浮かんだ内容を話している人は、なかなかまわりから評価されません。まず結論を決めてから、しっかりと幹から伝える。

誰からも評価される話し方というのは、そうしたパターンがあります。

そして、ルールと型があります。

それが本書で紹介する2つの法則なんですね。


シンプルに伝える。結論から話す。これさえしっかり守れば、まわりから高く評価されて、あなたの将来はより成功に近づいていきます。

あなたの人生において「伝える」ことはアウトプットの最初の入り口であることは、誰もが認める、紛れもない事実だからです。

コンサルティングのトップエリートが実践する「黄金を生む3つの方法」

私は年間のべ200回以上のプレゼンや講演を行ってきました。

休日は執筆や家族サービスのためにお休みをいただいていますから、だいたい、1日1回のペースです。

そんな私が今でも実践している、年商500億円の一流社長にこっそり教わったプレゼンの勝率を高める極意があります。それが「黄金を生む3つの方法」です。

そこで、この章の最後に、私が年商500億円の一流社長から学んだ、プレゼンで勝つ「必勝法」としてお教えします。まだ誰にも公開したことのない「黄金の法則」です。

①リスクを伝える

まずは、リスクを伝える。

ここでメリットを話さなくても、必ず相手はデメリットは何かと調べます。

今の時代はネットで検索すればすぐ出ます。あなたが言わなくても、ネット上にはデメリットがたくさん書かれています。グーグルがメリットよりもデメリットを表示するように検索エンジンを変えているからです。それが検索者にとって非常に有益だとグーグルも理解しているからです。

あなたがいくらいいことばかり話しても、必ず相手にネットで調べられてしまいます。であれば、相手がネットで調べなくてもいいぐらいにデメリットも教えてあげましょう。デメリットもきちんと伝えれば、相手の理解を促進するだけではなくて、その方の作業の効率を高めてあげることにもつながります。

そういった目線で考えれば、リスクとデメリットを同時に話してあげるということが、信頼につながるだけでなく、相手にとってどれだけ有益であるかがわかると思います。

②事例を交える

２つ目はすでにご紹介した事例を交えるということです。

20代だった私に多大な影響を与えてくれた尊敬する一流社長は、わざわざ事例を大きなパネルに糊付けスプレーで貼って、お客様の前で説明していました。

それぐらい、事例を伝えることを大切にしていたわけです。ケーススタディこそが相手の評価を変えてくれると理解していたわけですね。

以来、私も事例をとても大切にするようにしています。

たとえば、あなたの営業資料の最後に、ちょっとした事例集を加えるだけでも、説得力が大きく増すと思いますよ。

③相手に味方する

最後の3つ目は、相手の味方になるということです。いったいどういう意味でしょうか。

実はあるとき、一流社長がプレゼンをしながら、自分たちの身内である部下を叱りはじめたんです。

商談の途中で、いきなりです。「何をやっているんだ!」「こんなことも調べられていないのか! お前は帰れっ!」と。

その剣幕を見たクライアントが、慌てて社長を止めたほどです。「そんなに怒らなくていいですよ、私たちでも調べられますから」と。

その後、社長が言っていたのは、こういう理由でした。

「そこで相手の味方を本気でしないと真の信頼は得られない。自分の部下をその場で叱るぐらいに、本気で相手の味方になっている。これが相手の信頼を得る効果的な商談なのだ」。

もちろん、本気でクライアントのビジネスの成功を思っているからこそ、できることです。

ここでも相手のメリットを優先することが大事というわけですね。

まとめ「年商500億円の一流社長から学んだ、プレゼンで勝つ「必勝法」

①リスクを伝える　～リスクは伝えることで信頼が生まれます。リスクは隠してもムダ。

相手だってきちんと調べているもの。むしろ、相手が気づいていないリスクを教えてあげるぐらいのほうがうまくいきます。

②事例シートをまじえる　～みな、大切な時間とお金をどこに使えばいいか不安です。具体的な事例がなければ、そうした不安を払拭できるかイメージできないからです。

③相手に味方する　～ある日、準備がおろそかな自社の社員をプレゼン中で叱り飛ばしました。驚いてあとから理由を聞いたら、私にこう教えてくれました。
「私は常にクライアントに味方しているからね。プレゼンに勝てばいいというわけではないんだ」。

第9章

13 字アウトプットで
究極のスピードを手に入れる

究極の目標は「わかりやすく端的に伝えて↓早く行動して↓すぐに結果を出す」

13字で端的に伝えると、つぎのアクションが明確になり、取りかかるまでの行動も速くなります。それにより、すべてのスピードが増して、結果を追求できます。

ビジネスの差は、結局は誰にでも平等に与えられた「時間をどう使い」、どうライバルよりも優れた「優先順位を決めるか」です。

資金やお金も、時間がなければ活用できません。

今や宇宙事業にまで進出して活躍しているホリエモンこと堀江貴文さん。彼はＩＴバブルに乗った億万長者だったわけです。しかし、どんなに資金力や優れたアイデアがあっても、刑務所の中では、自分のために与えられる行動時間はごくわずかです。

時間があってこそ、アイデアやお金も活かされるわけです。

つまり、ここまでに紹介した13字アウトプットは、見方を変えれば、あなたと聞き手の双方に「時間」という大きな価値を生み出すことになるわけです。

目的をわかりやすく伝えて、結果を出す

たとえば、ビジネスで成功をするために伝える力を磨く最終的な目標は、はたしてなんでしょうか。

それは目的をわかりやすく伝えて、いかに早く行動をしてもらい、いかに早く結果を出すか、ということです。この点を疎《おろそ》かにしてはいけません。

つまり、ダラダラと話して相手が理解できなければ、次のアクションにつながらない。次のアクションにつながらないということは、それは結果が得られないということです。

だから13字で論理的に、相手の行動を促すように伝えていくわけです。

テクニックだけのスピード重視の伝え方であったり、相手の仕草を真似るといった小手先のテクニックだけでは、まったく意味をなさないわけです。

その先でどう行動を起こし、どんな結果につなげるかということにもっと意識を向けなければ、伝え方で成功することはできません。

テクニックとしての「スピーチ」にどれだけの意味があるのか

同じように、テクニックとしてのスピーチを学んでも、なかなかあなたの評価が上がらないのはこの視点が欠けているからです。

もちろん、話し方は変わっていくことでしょう。しかし、私に言わせれば、残念ですがそれは聞き手からすれば「ほんの誤差」でしかありません。

まず、伝えることの意味をゼロから見直すこと。そして、13字を意識して、自分と相手のアウトプットを劇的に変えること。これこそが、あなたの伝え方を変える本当の意味になります。

エレベーターで偶然社長にプレゼンする機会は99％訪れない

たとえば、「エレベーターピッチ」という言葉をご存じですか。

エレベーターでたまたまCEOなどの決裁者と遭遇して、目的階に到着して相手が降りる前にプレゼンを終えることをいいます。

しかし、私たちがエレベーターで偶然CEOに鉢合わせして、とっさにプレゼンをする機会は、まず99％訪れません。

仮にあったとしても、私がCEOなら「悪いね。今はそうした状況ではない」といってたしなめるでしょう。あるいは「大事な商談の前だから」と叱ってしまうかもしれません。

相手の地位が高い場合、あなたよりもっと高額で大切なディール（取引）を思案している可能性もあります。

相手には、相手の都合がある。伝える際には、このことを忘れてはいけません。

むしろ、私たちのすぐ目の前にいる上司や同僚などの聞き手を大切にして、日頃から「13字アウトプット」と2つの伝え方のフレーム、

①相手の理解を深める伝え方
②相手を動かす論理的な伝え方

で常に自分の価値を高めていくことが大切です。

だからこそ、よりポジションが高い役員や、目上の方があなたに興味を示して、その噂が評価となって、あるときエレベーターでＣＥＯと言葉を交わすことができるわけです。

「ああ、君ね。話を聞いているよ。たしか例のプロジェクトの……」と。

エレベーターピッチの本当の意味

また、エレベーターピッチと呼ばれるこうしたシーンでは、１分間で話せとか、そのエレベーターが目的階につくまでに話さないといけないと言われます。けれど、そんなことは不可能ですし、そこに論点を向けるというのはあまり意味がないことです。

社長はその場で、あなたの話を真剣に聞くとは思えません。

もちろん、あなたがその会社の重役であったり、少なくともエース級の社員であれば別です。

しかし、そうでなければ、先ほども申し上げたとおり、ただただ迷惑な話です。

この話の本当の論点は、常にそういった話し方をして、周囲をどう動かしているか、にあります。そうした評価が、社長の目に留まる。だからエレベーターで会ったときに、あなたの話を聞いてみようと耳を傾ける。鍛え上げたあなたの伝え方に興味を示すからです。

これが、エレベーターピッチの本当の姿なんですね。

ただ「短く伝える」というだけでは意味がない。

本質を捉えて、周囲の目にも留まること。つまり、13字アウトプットの究極の目的は、一度聞いたら忘れずに、その熱量がダイレクトに相手に伝わって、相手のハートを一瞬で突き動かすことだと覚えてください。

ただ「短く伝える」だけでは意味がない

つまり、ただ短く伝えるだけでは意味がない。

いかに本質を捉えて、「結論→理由→解釈や方法」といった順番で、端的に伝えることができるか。

このとき、結論と理由にさえ興味を持てば、先ほどのエレベーターピッチでも、「具体的な方法論はあとから社長室に説明に来なさい」「資料を作成しておきなさい」と言われる可能性も高くなるでしょう。

また、実際のケースでは相手も質問してきます。

そのときも、13字アウトプットと2つの伝え方のフレームで訓練していれば、瞬時に結論と理由を短いフレーズで伝えることができます。

社長の顔つきも変わるでしょう。こんな人間がまだ社内に埋もれていたのか、そう思うに違いありません。

一度聞いたら忘れず熱量も伝わる＝それが13字アウトプット

さらに、スピーディーなアウトプットを意識すると、インプットもどんどん13字でまとめられていきます。

自分が伝える言葉を短いフレーズでまとめようと思えば、インプットもできるだけ13字にして、頭の中をまとめていたほうが早いと気づくからです。

「脳は体重に対して2％ぐらいしか重さがない」が、一番活発な機関

そもそも脳は、とても活発に動く臓器です。体重に対して2％ぐらいしか重さがないのに、使われるエネルギーは全体の25％にもなると言われています。

つまり、脳というのは非常にエネルギーを使うわけです。

そのため、いかに出し入れをスピーディーにするかということが最終的にはエネルギーを使わずに、効率化を促進する秘訣です。

たとえば、私は伝え方以外では、ノートも13字でまとめています。私の会社のホワイトボードも、ほとんどが箇条書きで、それぞれの内容も13字です。箇条書きならそのままアウトプットとして使えるからです。指示も行動も早くなります。

このようにアウトプットまで考えて、短いフレーズで箇条書きでまとめていれば、全員が同じ目線で構造を理解できるかが大事です。

シンプルな言葉でまとめていくと、どんどん頭にストックされる

また、シンプルな言葉でまとめていると、記憶にも残りやすくなります。

知識の引き出しとは、知っている情報の量ではありません。

多くのことを知っていても、使えないものばかりであれば意味があると言えるでしょうか。

常にスピーディーなアウトプットを意識して学んでいれば、自然とインプットも端的な言葉に要約されます。

このように、13字で伝える技術とは、あなたの脳の記憶力を高める働きもあるんですね。

再現できない知識はゴミと一緒です。

正解のない答えをどう見つけていくか。ビジネスでは常にそれが試されています。

アウトプットと関係ない言葉はバッサリ捨ててしまおう

逆に、シンプルな言葉でまとめるようになると、考え抜くという習慣が身につきます。

これが、本質を捉える力になるわけなのです。

仕事ができる人は、短い言葉でまとめることができる人です。

どんどん知識が頭にストックできる人です。

そして、本質が一瞬で見抜ける人です。

理解とは、人に説明できる状態を指します。

本質を捉えているから、相手に一瞬で説明できる。すなわち、すぐに行動に移せるようになります。

自分が行動に移すためではなく、同時に相手をどう行動に移させるか

伝えるときに大事なのは、動作レベルまで落とし込むことだと話をしました。自分が行動に移すためではなくて、同時に相手をどう行動に移させるか、という視点がすごく大事になります。

そのための最終的な目的としては、自分の意見を持ち、自分ならどう思うか、自分だったらどう考えるか、を明確に伝えられることだと思います。

ここが曖昧なままだと、自分の評価が上がらないどころか、自分への信頼や自己肯定感にもつながらないからです。

そのためには、まずは自分が考えていることを、シンプルに相手に理解してもらうこと。この13字アウトプットを、しっかりと身につけていくこと。そう考えると、このスキルがあなたのビジネスのすべてに応用ができるようになると思います。

【コラム⑥】話す内容は全体の上位20％だけでいい

なぜ伝わらないのか①　脳のキャパの問題

本編とも関わりがありますが、脳科学的な側面から、あなたの話がなぜ伝わらないのかを説明していきたいと思います。

「物事の上位20％が全体の80％をカバーする」、というパレートの法則をご存じですか。これは、伝え方でもまったく同じです。

長くだらだら話す人というのは、ある意味、100％すべてを話そうとする人です。

いっぽう、論理的にスマートに話す人は、いつも全力で話していません。上位20％を話して、そこで一旦区切っています。

そのあとで、相手の求めや質問に合わせて、残りの80％から優先順位を決めて、接続詞を使い分けながら話しているんですね。

これが非常に論理的、かつ、合理的な話し方として相手に伝わるわけです。

なぜ伝わらないのか② 時系列の問題

なぜあなたの話が伝わらないかというと、もうひとつの原因に、脳の中の時系列に問題があります。

あなたが話すときは、自分の頭の中にその出来事の時間軸があります。だから、起こったことを、最初から最後までその時間軸の経過に合わせて話してしまうわけです。

いっぽう、相手から見たらどうでしょうか。

相手の頭の中には、あなたと同じ時間軸はありません。むしろ、時間軸がないからこそ、結論から先に聞きたいわけです（図表7）。

理由は簡単です。相手の頭の中に、あなたと共有された時間という概念がないからです。だから、相手はまず何が起きたのか、結論や理由から聞きたがります。つまり、自分が考える「時間軸のプロセス」と、相手が望む「理解のプロセス」はまったく逆なわけです。

よく「結論ファースト」と言われますが、このように説明されるとわかりやすいのではないでしょうか。

図表7　時間軸と理解のプロセスはまったく逆

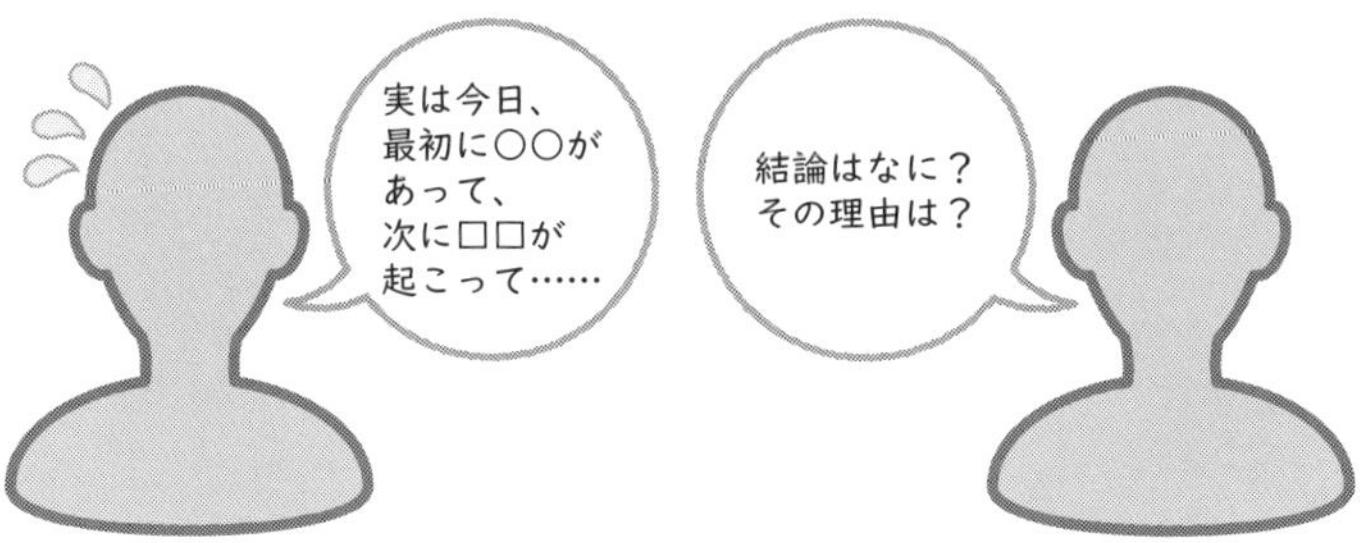

この理解プロセスの逆転を念頭に置くと、なぜ結論から話さないといけないのかも理解できると思います。

結論から言えば、「なるほど、そういうことなのか」と相手の頭の中にひとつのフラグ（旗）が立ちます。脳科学でいうところの「共通認識」と同じ意味です。

そのうえで「これを時系列で説明しますと」と続けたり、「具体的に言いますと」と加えれば、フラグを中心に相手はどんどん理解を深めていきます。

また、この考え方を応用したコミュニケーション技法に、ＰＲＥＰ法というのがあります。

結論を先に述べてから、理由を説明し、事例と解説を加えていき、最後にもう一度、結論で締めくくる方法です。

具体的な例を挙げてみましょう。

【例】

＊結論（フラグ）結論から言えば、セールスの人員を増やすべきです。

＊理由　なぜなら、今回の新製品の販売は競合他社が先行します。

＊事例　たとえば、A社は100名もの人員で攻勢をかけてきています。

＊結論　それに対抗するためにも、セールスを増やすべきと考えます。

このようなPREP法で話すと、上司が部下に、もしくは部下が上司に説明するときも非常にわかりやすく、また短いフレーズで伝えることで頭の中も整理されます。

加えて、相手に「スマートで頭がいいな」と好印象を与えることができます。なぜなら、こうした「結論→理由→事例」の順番で伝えることができるビジネスパーソンというのは、日本では稀少な存在だからです。

日本は欧米と違い、自分の主張を相手に伝えるスキルやディベートなどを学校で学びません。つまり、伝え方においては、まるで無知なのです。

つまり、ＰＲＥＰ法のように、言いたいことが頭の中でまとまっていなければできない伝え方は、それだけで評価や尊敬の対象になります。もちろん、この本の型を手に入れれば、それほど難しいことではありませんが。

しかし、たいていの人は不可能な離れ業だと本気で信じています。

だからこそ、それをマスターするだけで、

「この大きな仕事を任せてみようか」「このプロジェクトをやらせてみてもいいか」という評価の判断になります。

日頃から「頭がいい」「スマートで論理的だ」「物事を整理できる」という印象があるからこそ、大きなチャンスが巡ってくるわけです。

これは、私が経営者だからそう断言できます。

まず、はじめに「仕事ができる」というプラスの印象がないのに、いきなり大きなプロジェクトやリーダーを任せることはありません。

先ほどのエレベーターピッチの話ではありませんが、社長や役員というのは、きちんと日頃の発言やプレゼンを聞いているものです。

それを日々積み重ねていく。それにより、出世や昇給につながるわけです。あるいは、成功につながる体験を人よりも早く手に入れることができる。結果、ライバルがいる読者であれば、より早く先に進むことができるわけです。

第10章

シンプルな言葉で自分を磨き、まわりの評価を上げる技術

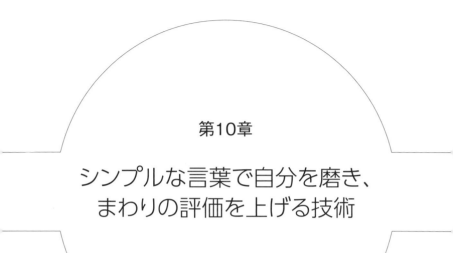

ＡＩの時代に必要になるのは、考える力と創造する力

これから、10年先、20年先の世界はどうなっているでしょうか。

たとえばＡＩをはじめとする技術革新の大きな流れの中では、大学を卒業しても、約70％の人が現在ある職業には就けないと言われています。ＡＩに仕事を奪われるからです。

そうした中で大事になるのは、知識や技術もそうですが、やはりコミュニケーション力、特に伝える力、話す力というのが大事になります。

だからこそ、これからの私たちは知識だけではなく、相手と言葉を交わして、動かす力も身につけていかないといけないわけです。

勉強だけではダメなんです。勉強一辺倒では、家族や子どもたちも守っていけない。当然、自分だって守れないわけです。

今は大企業や銀行もリストラをする時代

今は大企業や銀行もリストラをする時代です。

就職人気ランキングベスト5に入るような大手銀行が、こぞって大幅な人材削減をしています。三菱ＵＦＪ銀行でさえ今後10年で最大1万人の人材をカットすると言われています。昔は安泰だった企業も、今ではそうではないんですね。

そういった中で、先ほどのＡＩ化の波に負けないよう、自分のスキルを伸ばしていかないといけない。じゃあ何を伸ばせばいいのか。プログラミングなのか、ファイナンスなのか、マーケティングなのか。そう考えている方も多いと思います。

もちろん、そういったスキルもすべて大事です。ですが、やっぱりコミュニケーション力、なかでも「伝えるスキル」というのは、あなたの最大の力になってきます。こういったものを、今しっかり磨いていくことが大切です。

なぜ、年収1000万円以上になるには伝え方が重要なのか

あなたは、年収1000万円になる方法を何個言えますか。たとえば、商社に入る、もしくは営業で頑張る、経営者になる、起業する、副業を探す、資格を取る、ほかにもいろいろあると思います。

なかでも、伝え方やコミュニケーション能力というのは非常に大事です。

たとえば年収1000万円になろうと思うと、話し方、伝え方がうまい人が非常に多くなると思います。職場でもビジネスでも、基本となるのは人間関係がベースになるからだと思います。

そうした傾向さえわかれば、「伝え方を磨く」ことがどれだけ自分への自己投資として有益かわかると思います。とくに13字のアウトプットのスキルは、自分の年収や出世にそのままダイレクトにつながります。

そうした意味では、伝え方や話し方は、すでにあなたの目の前にある武器になります。これを手に入れることによって、あなたの人生の選択肢が広がっていきます。そのように考えると、今学ぶ理由にもなると思います。

成功している人の8割は話し方がうまい。それは事実であり、理路整然とした構造で説得していきます。そして、わかりやすい構造で、論理的に説明します。

成功者のそうしたところを見て、学んで、自分の時間をなるべく有効に活用して最短距離で評価されていく。ビジネスで成功しようと思うのであれば、このようなスキルを手に入れることは非常に大事になります。

同時に伝え方だけではなく、考え方や行動までをも変化させていき、自分を取り巻く現実が少しでもよくなるようにしていってください。

人事や評価で給料を決めるのは、あなた以外の他者

このように、伝え方をしっかり向上させることは自分の評価に直結します。

もちろん、人の役に立ちたいとか、コミュニケーション力を高めたい、というのもあるでしょう。しかし、結論を言えばアドラー心理学ではありませんが、あなたの行動の原点は、他人の評価や、その認知や賛同を高めたいからなんですね。

私だってそうです。それが人の原動力であり、エネルギーの源になるわけです。むしろこうした原理原則は認めてしまい、利用したほうがよいでしょう。

人事や評価で給料を決めるのは、あなた以外の他者です。どれだけ自分を評価しても、あなたの評価は他人が決めます。

そういった視点で考えてみても、「しっかりと話し方、伝え方を向上させていく」ということは大事になります。

伝え方を向上させるということは、他人に対する貢献でもあるからです。たとえば、あなたの伝え方が上達すれば、相手の意識が変わったり、行動が変わったり、会社の業績につながったりします。それはあなたが周囲や社会に貢献したことになり、他人の成長に貢献したということになります。

こうしたことを循環させていくことで、あなた自身の評価につながっていく。つまり、伝え方を高めるということは、他者貢献の力を高めるということでもあるのです。

いつも13字で話すように心がければ、相手もすぐ聞く体勢になる

また、あなたがいつも短く話すように心がければ、相手も「この人の話はいつも結論からだ。ムダな話もない。だから、最初から絶対に聞き漏らさないぞ」とすぐに聞く体勢になります。

この「相手が聞く体勢になる」という状態をつくりだすことも大切です。その点、13字アウトプットはとても有効です。すぐに結論から入るので、相手とのやりとりもスピーディーになります。

逆に、いつも話が長い人がいます。こうした人は、短くしろと言っても、なかなか直りません。

だから、相手の話が結論部分になるまで、こっそりパソコンでメール作業をされてしまいます。「そろそろ結論かな」と思うまで、きちんと相手の話を聞いていないわけです。

心理学的に、短く話す人は自信に満ちあふれているように感じられるとお伝えしました

が、これとは逆で、いつも話が長いというだけで相手に軽んじられてしまうわけです。

あなたの話が長いから相手の話も長くなる

同じように、「あいつの話は長くてわかりづらい」とぼやく上司やリーダーがいます。しかし、そうした場合、たいていは相手に合わせているだけのことがほとんどです。つまり、伝え方が長くて、わかりづらいから、相手もそのリズムに合わせて話しているわけです。

私の部下はみな、結論から話しますし、言葉もシャープで短いです。これは、私がそのようなリズムで、短いフレーズで常に結論から話し、質問するからです。

つまり、私の経験上、結論から話し、質問のフレーズも短くなれば、自然と相手も短くなります。この相手の波長やリズムに同調してしまうことを、神経心理学ではペーシングと呼びます。

実際、商談や部下との会話でも、波長がだんだんと合ってくると、声の調子や呼吸まで、だんだんと似通ってくるものです。

これを利用して、相手を自分のペースに巻き込むのが沈黙やペーシングです。

とくに、仕事ができる人は「場の取り方」「場の支配」が上手です。最初に13字アウトプットで、結論ファーストをバシッと決めたなら、その場の主導権はあなたのもの。

その後の商談や交渉もスムーズになるでしょう。

どうしても13字で話せない人向け①「サウンドバイト」

最後に、どうしても13文字に伝える内容がまとまらず、話も長くなってしまうという人のために、慣れるまでに有効な2つのテクニックをご紹介します。

1つは、サウンドバイトというテクニックです。

たとえば『プロジェクトX』という番組のナレーションって特徴的でしたよね。短文の連続で、一つひとつの区切りが明確です。

「そのとき彼は声を荒げた。社員たちはただ黙った。社長は怒りに拳を握りしめた」

このように短い文章を積み重ねていきます。これがサウンドバイトというテクニックで、相手にわかりやすく、記憶に残りやすい方法です。


なぜ、このような短い言葉が伝えることに優れているか。それは文章を短くしようとすればするほど、余計な接続詞や形容詞がなくなり、厳密に言葉を選ぶようになるからです。無駄な言葉、無駄な表現、無駄な描写も少なくなります。

結果、聞き手はあなたの伝える内容に集中できますので、ストレートに伝わる内容になるわけです。

もし、短く伝えることに苦労しているのであれば、このテクニックを取り入れてみるのも良いでしょう。構成をしっかりと理解して実践すれば、短い文章で表現することの訓練になります。

どうしても13字で話せない人向け②「付箋トーク術」

もう1つ、13字アウトプットができるようになる、私なりのシンプルな方法をご紹介しましょう。

箇条書きで伝えるがなかなか難しい。そんな人は相手が小さな付箋にメモをしている、と想定して話してみてはいかがでしょうか。

「その付箋メモに書いてほしい内容を今から話します」と、一度頭の中で反芻してから話してみてください。

それだけで、頭が勝手に想像力を働かせてくれます。「付箋に書ける内容って、そんなに書けないよな」「箇条書きじゃないと書けない。じゃあ1つ目にこれで、結論はこれです。理由と実行すべきことは、これだけにしよう」と、不思議なほどシンプルな箇条書きになるんです。

だから、どうしても短く話せない人は、目の前にいる人が付箋でメモをとっている、そのために短く話さないといけないんだ、とイメージしながら話してみるといいと思います。

これを私は、「付箋トーク術」と名づけています。

言葉にしない限り相手の理解は得られない

まとめると、13字アウトプットのメリットは以下の7つになります。

①相手が理解しやすくなる
②周囲に頭が切れる（良い）と思われる
③商談やプレゼンの印象が変わる
④自信がつく
⑤論理的思考が誰でもかんたんに手に入る
⑥交友関係が広がる
⑦言葉で人を動かすことができるようになる

結局、あなたのビジネスもコミュニケーションも伝え方がすべてです。言葉にしない限り相手の理解は得られません。

逆に、言葉にすることによって仲間や共感者が現れたり、同じ方向に向かって頑張る人たちが応援してくれたりと、正しい方向に導かれる可能性も高まります。成功者や目上の人が支えてくれたり、サポートしてくれることもあります。

相手を理解して、自分を理解してもらうために、伝える力、話す力というのは非常に重要です。

自分が理解されていないと感じる人は、そもそも本当に相手に理解をしてもらうように話せているのか。このことを、この機会に今一度、振り返ってみるとよいと思います。

【コラム⑦】10人中10人が納得する思考の道筋の立て方

大きな商談を成功させたり、経営者など上流クラスに対応しようと思うと、10人中10人が納得する道筋というものを示す必要があります。

そのためにも、短く話すということが非常に有効です。

論理やロジックという意味を辞書で調べると「思考の道筋」と書いてあります。10人中10人が、「ああ、なるほど、この道筋であれば間違いないな」と感じるものでなければいけないわけです。あるいは、その逆で「この道筋ならここが課題になる」とわかるものでなくてはいけません。

それが、実践で培ったプロが教える、真のロジカルシンキングです。

そのためにも、フレーズとフレーズの区切りを明確にして、短い言葉で相手に理解してもらうのが大切になります。

長く話していては、あなたの道筋がわかりにくくなるからです。

思考の道筋を照らす。そのためにも、伝える内容は短く、メリハリをつけるようにしていきましょう。

おわりに

13字アウトプットで自分を変え、周囲も変える

わかりやすく説明するには順番があります。

よく言われることですが、まず結論。「結論ファースト」で話すこと。

次になぜこの話をするのか。その理由を話します。相手が腑に落ちなければ、聞いているふりしかしません。冒頭でも話しましたね。人は9割の話を聞いていません。

そして、最後に「どのようにやるか」「どうしてやるか」を伝えます。


加えて、伝え方が上手な人は、頭の中がいつも整理されている人です。

短い言葉で、いつも情報を整理する習慣が身につくからです。

本書で紹介する13字で伝える技術は、あなた自身はもちろん、相手の頭の中を整理することにも役立ちます。

あなたの「説明がわかりにくい」たった1つのわけ

たとえば、ライザップってすごく人気がありますよね。

「結果にコミット」といえば誰でも知っているフレーズですが、なぜあれだけ人気が出ているかというと、それは短い言葉で、結論から伝えているからです。

結論ファーストで物事を伝えている。だからあれだけ人々が興味を持ち、理解されているわけです。

結果にコミットする。つまり、短いフレーズで結論を先に伝える（ライザップの場合は結果を先に販売しているのですが）価値に気づくことが大切です。それが見る者、聞く者のすべてを動かしているわけです。

同じように、自分の価値を高めようと思ったら、まず結論から先に伝えることです。

相手も忙しいですし、相手の時間もタダではない。いかに結論から伝えて、相手の時間を奪わないか。相手が社会的地位の高い方であればあるほど、そうした目線も必要になります。

つまり、話のわかりやすい人というのは、常に結果にコミットしているということです。話す時間が価値を決めるんじゃなく、何を伝えるかという結果にコミットしているから、あなたの話の価値や優先度が相手の中で上がっていくわけです。

話している内容がわからなくなる人の4つの特徴

最後に、話しているうちに自分の言っていることがわからなくなる人の特徴をまとめてみましょう。

□インプットの時点で情報がすっきりまとまっていない人
□同じ内容を何度も繰り返す人
□そもそも相手が求めていることが理解できない人

□話が長い人

あなたは、いかがでしたか。


言葉というのは、最終的にはどんどん自分の分身として相手に伝わっていきます。

つまり、自分の言葉にエネルギーを込めて自分の分身をたくさんつくっていく。

それは私にとって、「仕事のレバレッジをかけていく」というイメージとイコールです。

私が20代で経営者として成功し、投資家として億万長者になれたのも、すべてこのレバレッジを利用したからにすぎません。


あなたの伝え方が高まれば、「あなたの話を聞きたい」「あなたに頼みたい」「あなたと一緒に仕事をしたい」という人がどんどん増えます。

あなたを名指しで指名してもらう。そのためにも、ぜひ伝える力にレバレッジをかけて、自分自身を高めていってほしいと思います。

その方法はすべて、この本で手に入るわけですから。

【著者紹介】

上岡正明（かみおか・まさあき）

株式会社フロンティアコンサルティング　代表取締役
MBA（多摩大学大学院経営情報工学）
一般社団法人日本脳科学認知心理協会 理事
1975年生まれ。27歳で戦略PR、ブランド構築、新規事業構築、外資系企業の国内PR、海外プロモーション支援を行うコンサルティング会社を設立。これまでに三井物産、ソニー、ショウワノートなど200社以上の広報支援、スウェーデン大使館やドバイ政府観光局などの国際観光誘致イベントなどを行う。また放送作家として、『スーパーJチャンネル』『めざましテレビ』『ズームイン』『タモリのスーパーボキャブラ天国』などの人気番組の企画・構成、脚本家として日本テレビ『週刊ストーリーランド』などを担当。その他、企業や団体、大学などでこれまでのべ500回、2万人以上に講演を行う。脳科学と心理学に基づく研修やセミナーは人気を博し、2カ月先まで常に満員。著書は『共感PR』（朝日新聞出版社）、『2億円稼いだ投資家が教える神速株投資術』（ダイヤモンド社）など6冊累計で20万部のベストセラーとなり、中国、台湾、韓国でも翻訳本が出版されている。日本神経心理学会会員、日本社会心理学会会員、日本行動心理学協会会員、一般社団法人日本行動分析学会会員。

◎株式会社フロンティアコンサルティング
https://frontier-pr.jp/
◎上岡正明公式ブログ
https://ameblo.jp/kamioka2014/

たった13字ですべてを伝える

2019年 8 月23日　初版発行

著　者　上岡正明
発行者　野村直克
発行所　総合法令出版株式会社
〒103-0001 東京都中央区日本橋小伝馬町 15-18
ユニゾ小伝馬町ビル 9 階
電話 03-5623-5121（代）

印刷・製本　中央精版印刷株式会社

落丁・乱丁本はお取替えいたします。

ISBN 978-4-86280-700-7
総合法令出版ホームページ　http://www.horei.com/